전략적 크리에이터
광고 제작자

청소년들의 진로와 직업 탐색을 위한 잡프러포즈 시리즈 64

전략적 크리에이터

광고 제작자

김종민 지음

AD-MAKER

콘텐츠 크리에이터, 광고제작자의 최고 매력은 여기에 있다

전략적이고
창의적인
크리에이터

전략, 기획, 마케팅, 매체 등의 여러 전문가가
만들어내는
다양한 아이디어들의 조합

TaLK SHOW

"
내가 계속할 수 있었던 유일한 이유는 내가 하는 일을
사랑했기 때문이라 확신합니다. 여러분도 사랑하는 일을
찾으셔야 합니다. 당신이 사랑하는 사람을 찾아야 하듯
일 또한 마찬가지입니다."
"

- 스티브 잡스, Steve Jobs -

> "
> 가장 위대한 아이디어는
> 가장 심플한 것이다.
> "

- 윌리엄 골딩, William Golding -

C·O·N·T·E·N·T·S

C·O·N·T·E·N·T·S

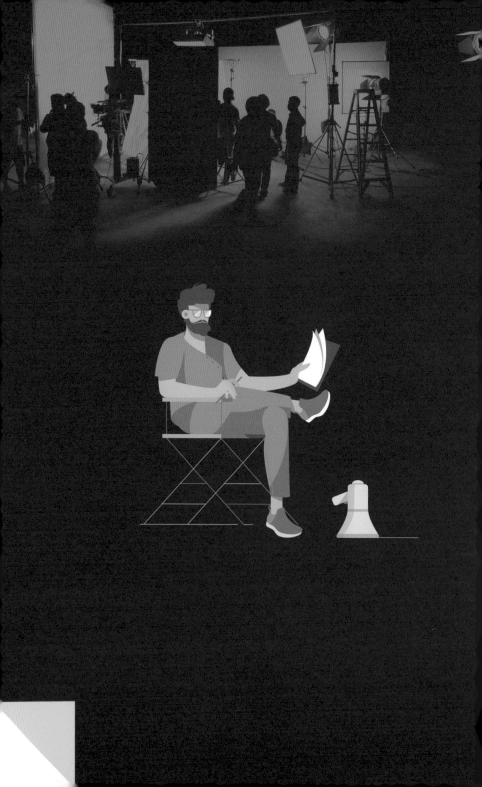

광고제작자 김종민의
프러포즈

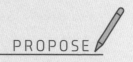

크리에이티브한 아이디어로 세상을 움직일 광고제작자를 꿈꾸는 청소년 여러분, 안녕하세요? 광고 크리에이티브디렉터 김종민입니다. 톡톡 튀는 아이디어로 장차 광고 업계에서 미래 트렌드를 이끌어 가게 될 여러분들을 만나게 되니, 제가 처음 광고를 좋아하게 된 시절이 떠오르며 다시 가슴이 뜨거워집니다.

TV에서 인터넷, 모바일 등에서 아니면 친구들과 지나다니던 거리에서, 여러분들은 수많은 광고를 접하셨을 겁니다. 그중에는 여전히 기억 속에 남는 광고도 있을 테지만, 아마도 한 번 스치고 잊힌 광고가 대부분일 것입니다. 광고는 기본적으로 사람들의 시선을 끌고, 마음을 얻고, 행동을 유발하려는 창작 활동입니다. 여러분 일상에 모든 순간에서 마주하게 되는 광고 뒤편에는 여러분들의 마음을 얻어내기 위해, 사람들에게 기억되고 회자할 만한 광고를 만들기 위한 수많은 광고제작자의 피땀 섞인 노력과 아이디어들이 숨겨져 있습니다.

평소, 광고를 재밌다고 느끼거나, 광고 만드는 일에 관심이 있거나, 창의적인 아이디어를 내거나, 크리에이티브한 콘텐츠를 제작하는 분야에 관심 있는 많은 청소년에게 이 책이 '광고 제작 업무란 이런 직업'이고, '어떤 공부나 진로 개발을 통해 광고 제작 관련 직업을 선택할 수 있겠구나'하고 진지하게 고민하는 데 도움이 되길 바랍니다.

"Simple is the Best." 가장 위대한 아이디어는 가장 심플한 것이다. Apple의 스티브 잡스가 디자인을 의뢰한 미국의 디자인 기업 〈IDEO〉의 슬로건입니다. 그들의 디자인이 어떻고 어떻고 길게 설명하지 않아도, 이 한 문장에서 그들의 디자인 철학과, 추구하는 가치가 고스란히 느껴집니다. 광고를 제작하다 보면 15초, 30초라는 짧은 시간 내에 소비자에게 수많은 내용을 전달하고자, 비주얼 요소와 카피 메시지를 과도하게 사용하여, 결과적으로 소비자에게 아무것도 남기지 못하는 광고를 제작하는 우를 종종 범하게 됩니다. 제가 처음 광고를 시작할 때부터, 선배들에게서 항상 들어왔던 말은 "One

Concept, One Message!"였습니다. 광고에 이것저것 다 담을 생각하지 말고, '핵심적인 콘셉트가 무엇인지', 그것을 임팩트 있게 보여줄 수 있는 '키 비주얼Key Visual이나, 키 메시지 Key Message가 무엇인지', '심플하게 아이디어를 생각하고 만들어라!'였습니다. 이는, 제가 현재까지 15년 넘게 광고 제작 업무를 해오면서 좌우명처럼 항상 가슴속에 새기고 있는 말들이며, 어찌 보면 제가 제작하고 있는 광고들이 지향하는 방향성이자 기준점이라고 할 수 있습니다.

비단, 광고뿐만 아니라 인생에서도 생각을 심플하게 하고, 불필요하고 복잡한 주변의 것들을 쳐내면서 단순하고 우직하게 밀고 나갈 때, 비로소 보이지 않던 해답들이 찾아지는 것 같습니다. 사사키 후미오는 『나는 단순하게 살기로 했다』라는 책에서 "미니멀리스트란 소중한 것을 남기기 위해 줄이는 사람"이라 했습니다. 지금 다양한 고민과 갈등 속에서, 진로와 직업 탐색을 위해 잡프러포즈 시리즈를 읽고 있을 수많은 청소년 여러분도, 본인들이 정말 좋아하고, 해보고 싶은 것이 있다면, 복잡하게 이런저런 상황들 생각하지 말고, 남들 눈치 보지 말고, 심플하게 여러분이 좋아하는 것만을, 여러분 인생에 남기기 위해 달려가 보세요. 머지않은 미래에 여러분이 어느 분야에서 어떤 직업에 종사하게 되던지, 그 심플하고 단순한 노력은 분명히 여러분만의 강력한 원 펀치가 되어 사람들에게 임팩트를 줄 수 있을 것입니다.

그럼, 저와 함께 크리에이티브한 광고의 세계로 떠나 보시죠.

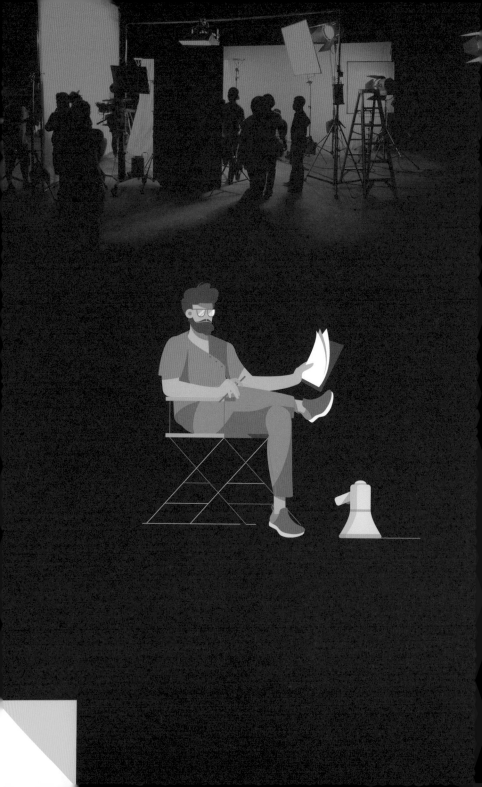

첫인사

(편) 토크쇼 편집자

(김) 광고제작자 김종민

⑩ 김종민 CD님, 안녕하세요? 삼성전자, SK텔레콤 광고 등을 제작한 CD님을 뵙게 되어 신기하기도 하고, 설렙니다. 광고는 짧지만, 강렬하고 특정 장면이나 카피가 기억에 오래 남는 것 같아요. 크리에이티브한 직업은 많지만, 광고는 그 정수에 있다는 생각도 들고요.

㉢ 안녕하세요? 말씀 주신 것처럼 크리에이티브한 분야 가운데에서도 가장 정점에 있는 광고 업계에서 어느덧 17년 넘게 일을 해오고 있네요. 저보다 뛰어난 광고 업계 제작자나 크리에이티브디렉터들이 많이 계실 텐데, 제가 광고 제작 업계를 대표해서 청소년들에게 프러포즈를 하게 되어 영광스럽고 부담스럽기도 합니다. 저의 경험과 광고 제작 실무 프로세스에 관한 이야기가 청소년들에게 실질적인 도움이 되었으면 하는 바람입니다.

⑩ CD님은 현재 우리나라 최고의 광고기획사인 제일기획에서 일하고 계신데요, 제일기획은 굳이 말로 표현하지 않아도 치열하고, 최고 전문가들만 모여있는 회사라는 것도 잘 알고 있습니다. 청소년들에게 광고제작자라는 직업을 프러포즈 하는 이유가 있나요?

㉢ 광고 업계는 치열한 만큼 하루하루 재미있고 신나는 일이

제일기획

가득한 직업입니다. 새로운 아이디어로 사람들의 눈에 띄는 광고를 제작하기 위해서는 항상 새로운 트렌드를 접해야 하죠. 그만큼 다양한 분야의 전문가들과 함께 협업하면서, 광고하고자 하는 브랜드나 제품에 따라 매번 같은 프로젝트가 있을 수가 없는, 항상 새로움을 추구하는 창의적인 직업입니다. 반복되는 공부와 시험, 학교생활의 연속, 물론 이 힘든 과정을 거쳐 청소년 여러분들이 각자 적성에 맞는 멋진 직업을 택하겠지만, 사회에 나아가 하루하루가 새롭고 창의적이며 크리에이티브하고 트렌디한 광고인으로 일하게 된다면 멋질 것 같지 않은가요? 연예인들도 많이 볼 수 있고요.^^

㉠ CD님, 저는 사실 광고의 화려한 겉모습만 보다가 인터뷰를 준비하면서 자료를 찾아보니, 치밀하게 전략을 세우면서 다양한 입장의 욕구도 만족시켜야 하고, 그러면서도 천재성 또는 창조성을 발휘하는 이 직업이 신기하게 느껴졌습니다. 한 사람이 이 모든 걸 갖추는 게 가능한가요?

㉢ 광고제작자에게는 분명 크리에이티브한 창조적인 우뇌의 영역과 전략을 세울 수 있는 치밀한 좌뇌의 영역, 두 부분 모두 필요합니다. 하지만, 한 사람만의 천재성, 창조성만으로는 광고를 만들 수 없습니다. 전략이나 기획을 담당하는 전문가,

데이터를 분석하는 전문가, 저처럼 광고를 실제 제작하는 전문가 등 수많은 전문가가 모여 머리를 맞대고 아이디어를 다듬어가는 협업의 과정을 통해 비로소 광고라는 결과물이 탄생하게 됩니다. 물론 광고 초창기 시절에는 크리에이티브한 아이디어 하나, 카피 한 줄, 키 비주얼이나 영상 하나가 소비자들에게 어필이 되는 시대도 있었습니다. 또한, 광고인을 소재로 하는 드라마나 영화에서 그런 천재적인 주인공이 '유레카!' 하면서 어디선가 '뚝딱!' 아이디어를 가져와, 혼자 히트 광고를 만들어 해결하는 영웅적인 면모도 많이 비추어졌을지 모릅니다. 하지만 광고 산업도 발전하고 소비자의 눈높이도 그만큼 높아지면서, 점차 전략, 기획적인 부분, 데이터 분석과 같은 분야들의 중요성이 높아지면서, 광고 제작은 한 사람의 창조적인 능력과 천재성만으로는 해결할 수 없는 전문가들의 집단 지성을 통한 솔루션 Solution 영역으로 확장되고 있습니다.

⑨ 좀 엉뚱한 질문일 수도 있지만, CD님을 처음 뵈었을 때, 디자이너 같은 느낌이었어요. 스타일이 톡톡 튀고, 예술가 같다고 느껴졌거든요. 그런데 말씀 한마디 한마디는 분석적이면서도 무게가 있다고 느껴졌어요. CD님의 마음속에는 예술과 기술, 전략이 어떤 비율로 차지하고 있나요?

제일기획 직무 알아보기

디자인
Art Director 🔖

커뮤니케이션 전략을 토대로 캠페인의 비주얼 컨셉과 크리에이티브 솔루션을 도출하는 업무를 수행합니다.

디자인
UI/UX 디자인 🔖

Web/Mobile 및 신규 플랫폼/서비스의 UI/UX 전략 수립 및 디자인 등의 업무를 수행합니다.

영업/마케팅
Copywriter 🔖

브랜드 메시지를 임팩트 있게 전달하기 위한 캠페인 컨셉과 메시지의 논리를 설계하고 그것을 설득력 있게 표현하는 업무를 수행합니다.

영업/마케팅
AE(Account Executive) 🔖

클라이언트 통합 솔루션 제공을 위한 전략적 파트너 역할을 수행하며 브랜드/제품/서비스 별 전략 방향을 수립하고 각 분야와 협업을 이끕니다.

영업/마케팅
AP(Account Planner) 🔖

클라이언트의 제품, 고객, 트렌드 분석을 통해 최적의 브랜드 커뮤니케이션 전략을 수립하고 비즈니스 전반에 걸친 진단/컨설팅을 수행합니다.

영업/마케팅
미디어 🔖

다양한 미디어 데이터를 분석해 캠페인 목적에 최적화된 매체/예산 전략을 수립하며 메시지를 소비자에게 전하는 최종 전달자의 역할을 수행합니다.

영업/마케팅
Ad-Tech 🔖

기술을 기반으로 한 전시, 이벤트, 스토어용 디지털 솔루션을 개발하며 기술 컨설팅을 수행하거나 SW 서비스를 제안하는 업무를 수행합니다.

영업/마케팅
데이터마케팅 🔖

마케팅 데이터를 수집/분석하고 클라이언트 데이터와 미디어 데이터를 결합해 실질적인 고객 행동을 유발하는 데이터 기반 마케팅 기획을 수행합니다.

영업/마케팅
체험마케팅 🔖

신제품의 론칭 이벤트, 글로벌 전시, 스포츠 행사 등 다양한 소비자 접점에서 효율적인 브랜드 경험과 공간을 기획하는 역할을 수행합니다.

ⓚ 아마 전공이 디자인이라 디자이너 같은 느낌인가 봅니다. 크리에이티브디렉터, 즉 광고 제작을 총괄하는 직책(팀장)을 맡기 전까지는 아트디렉터로서 제가 전공한 시각디자인의 전문성을 살려 비주얼적으로 창의성을 표현하는, 그야말로 예술적인 측면에 좀 더 치우친 업무를 통해 광고 제작을 진행해 왔습니다. 그렇게 경험과 연차가 쌓이고 크리에이티브디렉터가 되어 광고 전체를 총괄해야 하는 위치에서 업무를 진행하고부터는 점점 전략적인 부분에 큰 비중을 두고 있는 것 같아요. 일반 순수 예술과 광고가 다른 점은 브랜드나 광고주가 목적하는 바를 달성하기 위한 전략과 기획이 분명히 세워져 있고, 그를 기반으로 한 창조적인 결과물이 나와야 한다는 점이기 때문에, 광고 제작의 총책임자로서 예술적인 면도 중요하지만, 전략적인 분석과 기술의 측면 또한 놓쳐서는 안 되는 부분이라고 생각합니다.

ⓟ 저는 지금까지 많은 직업인을 인터뷰했는데요, 항상 깊이 있게 질문드리는 게 있습니다. CD님은 진정한 직업인이란 어떤 사람이라고 생각하나요?

ⓚ 많은 광고 제작 선배님들이나 동료들을 보면, 광고를 정말로 좋아하고 애정을 가지고 일을 하고 계십니다. 그런 만큼 치

열하게 밤잠 설쳐가면서 새로운 아이디어를 짜내기 위해서, 눈에 띄는 카피 한 문장을 써내기 위해서, '이 일이 곧, 나의 행복'이라는 사명감을 가지고 일하는 분들이 대부분입니다. 그럴수록 건강을 돌보지 못하는 분들, 가정에 소홀해지는 분들, 이른바 워라벨이 무너지는 경우가 광고제작자들에게는 종종 일어나는 현상이죠. 흔히들 "일만 하는 삶이 행복할까?", "일이 아닌 다른 면에서 감동, 행복, 기쁨을 얼마든지 느낄 수 있을 텐데..."라고 이야기들 합니다만, 저를 포함한 '광고인'이라는 타이틀을 달고 일하는 분들께 '진정한 직업인'이 뭐냐고 물으신다면, "이 한 몸 부서지더라도 세상에 좋은 광고, 크리에이티브한 광고 캠페인을 내놓았다."라는 자부심을 가질 수 있게 일하는 것이 직업적인 소명이고 가치라고 말할 것 같습니다.

Ⓟ 저는 세 아이를 키우는 엄마예요. 아이들이 스마트폰에 노출되어 있는데, 좋은 광고도 있지만 어른인 제가 봐도 선정적이고 질이 낮은 광고도 아이들에게 계속 노출되는 게 걱정됩니다. 광고 전문가인 CD님은 이런 사회적인 현상을 어떻게 바라보고 계시나요?

Ⓚ 제도적으로 그런 질이 낮은 광고나 선정적인 광고를 규제하는 광고 심의 기구가 있고, 청소년이나 아이들에게는 노출

이 안 되도록 광고 시간이나 매체를 제한하는 등 많은 사회적, 제도적인 노력이 이루어지고 있지만, 그런데도 불법 광고나 스팸 광고, 선정적인 광고 등은 더욱더 교묘한 방법으로 침투, 범람하고 있죠. 미디어가 급변화하고 다양화되면서, 자연스럽게 미디어가 있는 곳에는 광고가 따라붙기 마련인데, 그만큼 심의나 규제의 법제화는 그 속도를 따라가지 못하기 때문인 것 같아요. 광고제작자들도 좀 더 책임감을 느끼고, 선정적이거나 청소년, 아이들에게 유해할 수 있는 요소가 들어간 광고는 자체적으로 필터링하는 등의 건강한 제작 문화를 만들고 꾸준히 지켜나가야 할 것 같습니다.

편 말씀 감사합니다. 단 한 컷의 화면과 한 줄의 카피만으로도 사람들의 마음을 깊이 있게 울리고, 사람들의 행동을 변화시킬 수 있는 전략적인 예술가, 광고제작자의 세계로 들어가 보겠습니다.

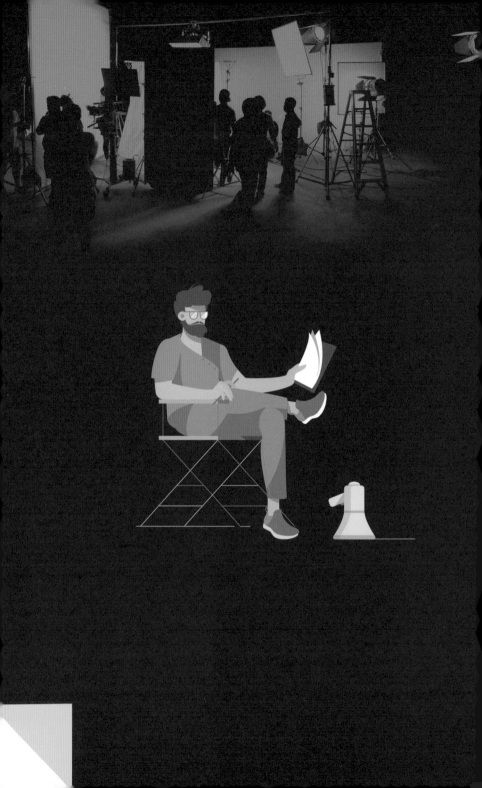

광고의 세계

(편) 광고란 무엇인가요?

(김) 광고는 기업이나 브랜드가 제공하고자 하는 제품이나 서비스에 대중의 이목을 집중시키고, 반응을 일으켜서 구매나 행동을 유발하기 위한 상업적인 활동을 말합니다. 아니면 공익을 목적으로 대중의 생각이나 행동의 변화를 일으키기 위해 이루어지는 다양하고 통합적인 커뮤니케이션 활동이라고 말할 수 있습니다. 광고는 기본적으로 대중의 이목과 반응을 목적으로 하므로 글, 그림, 사진, 영상, 소리 등의 표현 메시지를 TV, 인터넷, 신문, 라디오 등 대중 매체 또는 디지털, 모바일, 옥외 광고, 극장 등 다양한 전달 매체에 게재 또는 방송합니다. 이를 통해, 상품 및 서비스 등에 관한 정보 등을 널리 전달하고, 소비자를 설득하여 판매 증진 등의 목적을 달성하기 위해서 혹은, 제품이나 브랜드에 이미지를 부여하기 위해서 광고가 만들어지며, 기업 이미지를 높이기 위한 목적이나 정치적 목적, 공공 서비스 등을 위하여 광고가 제작되기도 합니다.

⊕ 광고의 특징은 무엇인가요?

㉿ 어떤 사람들은 광고를 과학적인 예술 활동이라고 표현하는데요. 왜냐하면 광고가 과학적인 조사, 분석에 의한 다양한 데이터를 기반으로 도출한 전략적인 콘셉트를 기반으로 하거든요. 그래서 창작자(크리에이터)가 창작 활동 자체를 자유롭게 하는 일반 순수 예술과는 결이 달라요. 소비자나 시장 분석, 경쟁사의 상황 등 다양한 데이터를 기반으로 전략적인 콘셉트가 도출되고요. 거기에 맞춘 창의적인 활동이 일어나죠. 즉 과학적인 데이터를 예술적인 차원으로 한 단계 승화시키는 활동이라고 할 수 있어요. 기본적으로 광고는 사람들의 마음을 움직여야 하는 일이잖아요. 전략을 분석하는 좌뇌와 창조적인 우뇌를 동시에 사용해서 이성과 감성이 다 함께 만들어내는 전략적이고 창의적인 활동, 통합적인 커뮤니케이션 활동이 광고라고 얘기할 수 있을 것 같습니다.

편） 광고가 예술적이어야 하는 이유가 있나요? 상업성, 전략 분석, 기획을 총망라하는 것도 범주가 큰 것 같아서요.

김） 광고의 본질은 크리에이티비티Creativity에 있어요. 쉽게 말하면 아이디어죠. 사람들이 보고 신선해하고, 궁금해하고, 재미있어하는 아이디어가 좋은 거잖아요. 그게 바로 예술성, 창작성이거든요. 그렇지 않으면 사람들의 시선을 끌 수가 없어요. 기업이나 브랜드가 "우리 제품과 서비스가 이렇게 좋아요." 라는 이야기를 정확한 팩트와 정보의 나열을 통해, 일방향으로 구구절절 전달하는 것을 소비자가 과연 듣고 싶어 할까요? 그리고 그런 정보 전달 프로그램 같은 성격이 과연, TV 광고의 15초, 30초라는 짧은 시간 안에 다 담길 수나 있을까요? 그렇기 때문에 전략 분석과 기획을 통해, 소비자들에게 어필할 핵심 콘셉트를 찾아내고, 그것을 보다 함축적이고 임팩트 있게 표현할 크리에이티비티를 통해, 짧은 시간에 사람들의 시선을 잡아끌 수 있도록 하는 장치. 그것이 바로 예술성과 크리에이티브의 영역이고, 광고 제작에 있어서는 필수요건이자 화룡점정의 역할이라 할 수 있습니다.

광고 크리에이티브 Galaxy Buds Pro

광고의 대상이 되는 것들은 뭐가 있을까요?

㉠ 광고의 대상이 되는 것들은 뭐가 있을까요? 제품이나 서비스, 또는 공익 목적 외에도 또 포함되는 것이 있을까요?

㉢ 상품이나 서비스가 아니더라도 기업 자체를 홍보하는 PR 성 광고도 있어요. 이 기업이 사회적으로 어떤 활동을 하고 있고, 내부적으로 사람들에게 얼마나 좋은 환경을 제공하고 있는지, 어떻게 제품을 만들고 있는지, 기업의 좋은 이미지를 사람들에게 심어주기 위해서 만드는 거죠. 기업 PR 광고, CPR 광고라고 해요.

하지만, 아무리 광고를 잘 만들어도 기업은 광고적인 접근만으로는 궁극적인 기업 가치를 창출해 내거나 홍보하는 데 한계가 있다고 판단하는 추세예요. 이는 소비자의 의식구조가 과거에 비해 고차원적이고 세분된 점, 그리고 다양한 커뮤니케이션 기법이 도입됨으로 인해 프로슈머로서의 소비자 역할과 권리 등이 성장, 발전되면서 기업이 단순히 광고를 통한 메시지를 전달하는 것만으로는 소비자의 구매나 호의를 유도하는 것이 어려워졌다고 느끼기 때문인 것 같아요.

이러한 한계를 극복하기 위해서 기업들은 기업 PR 형식의 광고뿐만 아니라, 저널이나 뉴스를 통한 실제 PR을 마케팅에 접목해요. 광고로 하기에는 부족하지만, 실제 PR을 통해서는 소비자들에게 메시지를 전달하는 데 보다 객관성과 신뢰성을 가질 수 있기 때문이죠. 사람들은 광고보다 언론매체의 기사가 더 객관적이라고 생각하고 언론에서 취급되는 기업의 메시지를 사실로 받아들이는 경향이 있기 때문이에요. 기업 PR 광고가 실제 PR과 유기적으로 접목하면서, 기업의 이미지 창출과 홍보에 있어서 시너지 효과를 내는 방향으로 나아가고 있는 거죠.

기업의 이미지를 광고하는 이유가 있나요?

(편) 기업의 이미지를 광고하는 이유가 있나요?

(김) 예전에는 단순히 물건만 좋으면 사람들이 많이 구입했었죠. 하지만 정보통신 기술이 발달하면서 사람들은 그 물건을 만드는 기업에도 관심을 가지고 찾아보는 시대가 됐어요. 같은 물건이라면 사회적, 환경적으로 더 좋은 회사의 제품을 사겠다는 거죠. 예를 들어서 어떤 기업이 신발을 만들 때, 아프리카 공장에서 난민 아이들을 착취하면서 만들었다는 게 알려지면 바로 불매운동이 일어나거든요. 그만큼 스토리가 중요하죠. 어디에서 어떤 과정으로 만들어졌는지 점점 중요해지고 있어요. 소위 착한 기업이라고 하죠. 소비자들은 제조 과정까지 착한 상품들을 선호해요. 그렇게 기업 이미지가 중요한 시대가 되었고, 그래서 광고를 하는 거죠.

(편) 광고도 미디어 콘텐츠인가요?

(김) 사실 몇 년 전까지만 해도 광고를 콘텐츠라고 부르지 않았어요. 광고는 미디어를 통해서 일방적으로 사람들에게 배출하는 거잖아요. 사람들이 가만히 있어도 보게 되고요. 콘텐츠는 사람들이 능동적으로 찾아보고 선택하는 거잖아요. 그래서 광고를 콘텐츠라고 부르진 않았어요. 하지만 정보통신 기술이나, 인터넷이 발달하면서 미디어가 엄청나게 다양화됐어요. 그러면서 기존의 4대 매체라고 불리는 TV, 라디오, 신문, 잡지를 점점 잘 안 보게 됐어요. 핸드폰 하나로 모든 게 해결되니까요. 결국 광고가 나와도 생략하는 경우가 많아지면서, 이제는 광고가 콘텐츠와 경쟁하는 시대가 온 거죠. 영화, 음악, 게임, 예능, 애니메이션 등 사람들이 선호하는 콘텐츠와 광고가 경쟁해야 하는 시점이 왔고, 인기 콘텐츠들 사이에서 사람들한테 선택받기 위해서 제작자들이 광고를 광고답지 않게 만드는 방식을 선택하게 됐어요. 광고를 영화나 애니메이션처럼 만드는 식으로 상업적인 부분을 조금 배제하고 콘텐츠처럼 만드는 거죠. 그러면서 최근에 광고를 콘텐츠라고 부르게 된 것 같아요.

(편) 광고의 종류가 궁금해요.

(김) 광고를 크게 분류하자면 영리 목적이 있느냐, 없느냐로 구분할 수 있어요. 상품을 팔기 위한 영리 광고, 즉 일반 상업 광고와 적십자나 공공단체, 공공 기관에서 하는 비상업적인 비영리 광고가 있습니다. 목적이나 기능에 따라서 분류하면 제품 광고와 비제품 광고로 나눌 수 있어요. 제품 광고는 말 그대로 기업이 생산하는 상품이나 서비스의 판매를 증진하기 위한 광고예요. 비제품 광고는 기업의 사회공헌이나 경영의 중요한 부분을 알리면서 사람들에게 신뢰나 호의적인 감정들을 얻기 위해서 하는 광고죠. 기업 PR 광고 같은 이미지성 광고예요.

상업 광고를 통해서 사람들은 상품이나 서비스의 가격, 품질, 디자인, 사용법 같은 다양한 정보들을 함축적으로 얻을 수 있어요. 기업 이미지 광고를 통해서 기업 활동에 대한 정보를 얻을 수 있고, 그런 정보가 실질적으로 착한 기업의 물품을 구매하는 행동으로 이어지면서 소비자들의 생활까지 영향을 미치죠. 그리고 공익 광고를 통해서 환경문제나 기아, 인종차별,

교통사고, 학교폭력 등 지금 일어나는 사회적 이슈들에 대한 심각성을 알리고, 문제 해결 방법이나 변화를 위한 캠페인을 제시하기도 해요. 그게 사람들의 가치관이나 행동의 변화로 이어지기도 하고요. 이렇게 광고는 다양한 형식을 통해 많은 정보를 제공하면서 우리의 생활에 중요한 변화를 일으킬 수 있어요.

(편) 광고가 정보를 제공하기도 하지만, 과장할 때도 있지 않나요?

(김) 광고를 포장의 기술이라고도 하는데요. 그 포장도 모두 사실을 기반으로 합니다. 예를 들어 기업의 이미지 광고 제안을 받으면, 기업 활동이나 제품 생산 과정 등에 대한 데이터를 모두 받아서 분석하죠. 없는 일을 만들거나, 결코 크게 과장하지 않아요. 같은 내용을 재해석하고 감정적으로 호소해서 소비자가 더 공감할 수 있고, 상품 또는 기업의 가치가 마음에 와닿을 수 있도록 전달하는 역할이지, 100을 400으로 포장하는 광고를 하진 않습니다. 또한 그렇게 하지 못하도록 심의하는 공공기관도 있고요.

한국광고자율심의기구(https://www.karb.or.kr)에는 매체별로 방송 광고 심의, 인쇄 매체 광고 심의, 교통/인터넷/기타 광고 심의 등으로 큰 카테고리를 분류하고, 광고 관련 법규에 따라 제작되는 모든 광고에 대해 게재나 온라인 송출, 방송되기 전에 심의 과정을 거치고 있습니다. 또한, 광고가 사실을 과장하거나 왜곡하지 못하도록 광고 내용에 대한 입증자료를 함께

한국광고자율심의기구 광고 관련 법규

한국광고자율심의기구 광고 내용 입증 자료

제출하도록 절차를 마련해 놓고 있기 때문에, 여러분들이 보는 광고는 없는 사실을 있는 사실로 만들거나, 수치를 과장하는 등의 허위 광고는 없다고 생각하셔도 됩니다.

광고의 역사에 대해서 말씀해 주세요.

편 광고의 역사에 대해서 말씀해 주세요.

김 몇 년 전까지만 해도 "그래, 이 맛이야.", "커피는 맥심" 같은 카피^{Copy}만으로도 바로 떠오르는 유명한 광고들이 있었어요. 그런데 이제는 광고 카피 한 줄 잘 써서 광고 캠페인이 유명해지고, 사람들에게 이슈가 되던 시대가 지났어요. 인터넷, 모바일, 그리고 스마트폰이 나오면서 미디어의 범위가 크게 확장되었죠. 더 이상 TV, 인쇄, 잡지 같은 것들은 보지 않잖아요.

광고의 영역도 디지털, 리테일^{Retail}이나 온^{On}/오프라인$^{Off\text{-}Line}$에서 경험할 수 있는 방향으로 점점 확장되고 있어요. 광고주도 소비자가 자연스럽게 모바일에서 브랜드나 상품을 체험하길 원하기 때문에 광고의 영역도 단순한 TV 광고에서 점점 확장되고 있고요. 광고 제작 방식도 영상 촬영하고 사진 찍어서 인쇄로 만든 후에 카피 한 줄 넣어 송출하던 방식에서, 이제는 소비자가 브랜드를 직접 체험할 수 있게 하고, 브랜드와 소비자를 직접 연결하는 D2C$^{Direct\ to\ Consumer}$ 방식으로 전환되고 있습니다. 예전에는 광고 하나가 1대 다수의 형식으로 퍼졌다면, 지금은 다양한 접점 속에서 광고가 스며들어 가는 방식, 즉 100명의 소비자가 있으면 100명에게 광고가 각각 전달되는 방식으로 바뀌어 가는 추세예요.

이렇게 짧은 기간 동안, 정보 통신과 미디어 환경 등이 급변화하면서 광고의 형태도 다양화되었지만, 오늘날 우리가 보편적으로 알고 있는 '일반적인 광고'의 역사는 그리 길지 않아서, 그 최초로는 인쇄술이 발명된 15세기로 거슬러 올라갑니다. 종이에 최초로 인쇄한 광고는 1480년경, 영국 런던의 교회 입구에 붙인 전단 광고인데, 그 내용은 책을 광고하는 윌리엄 캑스턴William Caxton이 낸 광고였다고 해요.

Image Source: digital.bodleian.ox.ac.uk

최초의 광고 윌리엄 캑스턴

이후 '광고'라는 뜻의 영어 단어인 '애드버타이즈먼트 Advertisement'가 1655년 영국에서 발행된 간행물에 처음으로 사용되며 나타났는데, 그 뒤로 지금까지 이 단어가 쓰이고 있죠.

신문, 잡지의 발달과 산업혁명에 의해 영국에서 발전된 광고는 그 뒤 오히려 미국에서 부흥하게 되는데, 그 원인 중의 하나는 1712년~1853년 사이 영국에서 신문 구독료와 광고에 부과된 세금인 인지세 때문이었습니다. 1920년대에는 라디오의 등장으로 광고가 새로운 국면을 맞이하게 되었고, 1940년대 말, TV가 도입되면서부터 그 발전은 더욱 가속화되어 지금까지도 TV 광고는 필수 불가결한 요소로 자리 잡게 되었죠.

우리나라의 경우에는 광고가 미국, 일본의 영향을 크게 받았습니다. 그 이유는 우리나라의 근대 광고가 1876년 개항 이후, 이 두 나라의 영향 아래 성장해 왔다는 역사적 사실에 기반하죠. 1945년 광복에 뒤이은 국토 분단, 3년이 넘는 6·25전쟁 때문에 실제로 광고가 새롭게 출발한 것은 1955년 이후부터였습니다. 1954년에 창간된 〈한국일보〉는 우리나라 초기 광고 회사라고 할 수 있는 한국 광고사를 전속 광고 회사로 운영했습니다.

1960년대 말부터 우리나라의 광고는 역사적으로 새로운 국면을 맞게 되는데, 그것은 무엇보다도 기업의 발전, 라디오, 텔레비전 방송 등 전파매체의 급성장, 코카콜라를 비롯한 외국 기업의 한국 진출, 그리고 광고 대행업의 대두 때문이었죠. 그렇게 1970년대까지 한국 광고업계는 급격히 발전하여 1973년에는 제일기획이, 1974년에는 연합광고가, 1979년에는 합동광고와 만보사가 통합, 오리콤으로 바뀌면서 3대 광고 회사 시대를 이루게 됩니다. 1980년에는 컬러텔레비전 방송이 시작되면서 비로소 컬러 광고의 시대가 도래하게 됩니다.

1990년대에는 방송에도 변화가 일어나 SBS TV 민영방송의 시작을 필두로, 1995년에는 CATV 방송이 시작되었고, 아울러 지방 광역시를 비롯한 여러 도시에 민방 TV 설립이 허가되었습니다. 이로써 우리나라는 일시에 멀티채널 시대로 돌입하게 되었죠. 한편 급격한 경제 성장과 동시에 광고비의 성장도 두드러져 1990년대 중반에는 세계 10대 광고비 보유국에 들어서게 됩니다. 광고 대행사도 1996년 시점에는 180개 사로 늘어났고, 12개 이상의 주요 외국 대행사가 모두 한국에 진출했습니다.

이러한 역사를 바탕으로 광고 제작 업계는 현재, 국내와 글로벌 대행사의 경계 없이 전 세계 수많은 클라이언트의 니즈를 반영하며, 그 목적성에 맞는 다양한 크리에이티브 제작물을 만들어내며 성장, 발전을 거듭해 가고 있습니다.

TV 광고 콘텐츠는 어떻게 구성되나요?

(편) TV 광고 콘텐츠는 어떻게 구성되나요?

(김) 광고주 측에서 어떤 상품이나 서비스에 대한 TV 광고를 제작해 달라고 하면, 시장 분석과 전략을 먼저 세우고요. 그 전략에 맞춰 크리에이티브Creative를 구성하는 것부터 제 영역이라고 할 수 있어요. 즉 전략에 맞춰서 이 광고를 어떻게 표현할 것인가에 대한 아이디어가 핵심이 됩니다. '어떻게 소비자의 눈에 띄게 보여줄 것인가?' 15초, 30초의 짧은 시간 동안 효과적으로 보여주기 위한 아이디어죠. 그 방법으로 시각적으로 어필하기도 하고, 강렬하거나 반복적인 카피를 쓰기도 하고, 기억에 남는 재미있는 노래를 만들기도 해요. 기본적인 구성 요소는 비주얼과 카피라고 할 수 있지만, 아이디어가 어떻게 전개되느냐에 따라서 다양한 방식으로 확장됩니다.

광고의 다양한 형식이 궁금해요.

(편) 광고의 다양한 형식에 대해서 말씀해 주세요.

(김) 기존 주요 4대 매체가 있어요. ATL, 즉 Above The Line이라고 하는데요. 기준 위에 있는 주요 매체. TV, 신문, 잡지, 라디오를 말합니다. 지금은 올드(old)한 느낌을 주지만, 예전에는 이 네 개의 매체가 중심이었어요. 그리고 BTL, Below The Line이라고 해서 옥외 광고나 디지털 광고가 여기 포함되었죠. 당시에는 디지털이 대세가 아니었거든요. 그런데 시간이 지나면서 그 경계가 허물어지고, 오히려 디지털이나 옥외 광고처럼 오프라인에서 접점이 있는 매체들이 훨씬 중요하게 되었죠. 요즘 TV나 신문은 거의 보지 않잖아요. 새로운 미디어의 종류가 많아지면서 광고 형식이 디지털, 온라인, 모바일, SNS 광고 쪽으로 더 확장되고, 발전하고 있어요. 그리고 리테일 광고도 있고요.

(편) 리테일 광고가 뭔가요?

(김) 실제 판매 현장에서 이루어지는 광고예요. 소비자와 직접적으로 만나는 광고죠. 소비자가 상품에 대한 정보를 얻거나 상품을 구매하는 채널이 다변화하면서 기존 미디어에 의한 광고 효과가 급격히 떨어지지만, 마케팅 비용은 계속 상승하는 추세예요. 브랜드나 광고주 입장에서도 중간 단계 없이 소비자와 바로 연결돼서 빠르게 구매로 이어지도록, 점점 소비자와 직접 만나는 방식을 선호하고 있고요.

이렇게 구매 접점인 리테일 매장에서 고객 맞춤형 광고를 제공하게 되었는데, 이것이 바로 리테일 광고입니다. 이에 따라 과거에는 판매 창구로만 역할을 했던 리테일 매장이 소비자와의 소통 채널로서 재-기능을 하고 있죠. 런던의 아우디 매장인 '아우디 시티Audi City'는 좁은 매장 공간을 활용, 대형 디스플레이와 터치 테이블을 통해 고객이 직접 차종을 선택하고 자동차에 대한 정보를 얻을 수 있도록 했는데 이는 효과적인 리테일 마케팅 사례로 꼽힙니다.

그리고 AI, 빅데이터와 같은 기술이 발전하면서 소비자들이 평소 검색한 데이터를 분석하여 소비자가 관심 있는 것에 맞추고, 취향에 따라 맞춤형 광고를 현장에서 노출하는 시스템으로 발전해가고 있어요. 퍼스널라이즈Personalize 즉, 개인 맞춤형 광고라고 하는데요. 현재 이러한 형식으로 광고가 좀 더 세밀해지고, 맞춤화되는 쪽으로 발전하고 있습니다.

좋은 광고, 나쁜 광고의 기준은 무엇인가요?

Ⓟ 광고제작자의 입장에서 좋은 광고, 나쁜 광고의 기준은 무엇인가요?

Ⓚ 제 개인적인 기준으로 좋은 광고와 나쁜 광고를 말씀드리긴 좀 어려운 것 같아요. 다만, 저는 이 일을 시작한 지 얼마 안 됐을 때는 기발한 아이디어가 있으면 좋은 광고라고 생각했어요. 크리에이티브, 즉 좋은 아이디어가 있으면 훌륭한 광고라고 생각했죠. 그리고 경력이 쌓이면서 목적성, 전략성을 모두 만족시키는 광고가 좋은 광고라고 생각했어요. 광고주의 니즈 Needs도 만족시키고, 브랜드 이미지에도 도움이 되면서, 소비자가 상품을 사는 데도 도움이 되는 광고를 만드는 게 광고제작자가 해야 하는 역할이라고 생각했죠.

그런데 지금은 또 조금 바뀌었어요. 어쨌든 광고의 핵심은 사람의 마음을 움직이는 거잖아요. 작은 아이디어라도 사람들의 가치관이나 행동을 조금이라도 좋은 방향으로 바꾸어가는, 가치 있는 일을 해내는 광고가 좋은 광고라고 생각해요. 아이디어와 크리에이티브로 사회와 사람들에게 더 나은 가치를 제공하면 좋겠어요. 저는 그 부분에 대해서 고민하고 있고, 그런 광고를 만들기 위해서 꾸준히 노력하고 있어요.

그 일환으로 2020년, WWF KOREA(세계자연기금)와 함께 치어어린 물고기 보호 캠페인을 진행한 적이 있어요. 무분별하게 남획되는 어린 물고기 '치어'를 보호하고, 치어를 사랑하며, 기운을 북돋아 주자는 의미에서 Cheer-Up 발음과 유사하게 캠페인 타이틀을 〈치어♥Love〉라고 만들었죠. 대한민국에서 가장 많이 잡히는 대표 어종의 포획 금지 몸길이를 표시한 눈금자를 예쁘게 디자인하여, 팔에 차고 다니기 쉬운 요술 팔찌로 만들어 낚시인들과 환경운동 단체, 관공서, 인플루언서 등에 무료로 배포했어요. 평소에는 패션 아이템으로 차고 다니다가, 물고기를 잡으면 간편하게 팔찌를 풀러 잡은 물고기 길이를 재어보고, 팔찌에 표시된 포획 금지 길이보다 몸집이 작은 물고기라면 놓아주면 되는, 아주 쉽고 간편한 환경보호 캠페인 〈치어♥Love〉 밴드. 이 좋은 광고 캠페인은 낚시인뿐만 아니라, 각종 언론, 관공서, 해양수산부 등 각계각층에서 큰 관심과 사랑을 받으며 국내, 해외의 여러 광고제에서도 많은 수상을 했습니다.

WWF KOREA <치어♥Love> 캠페인 광고제 수상 내역

2020 대한민국광고대상
- 공익 부문 <대상>
- 프로모션 부문 <금상>
- 소셜 부문 <은상>

2021 제29회 국민이 뽑은 좋은 광고상
- OOH 부문

2020 ADFEST
- Media 부문 <Silver>

2020 NewYork Festival
- Creative Marketing Strategy / Effectiveness 부문 <Bronze>
- Package & Product Design 부문 <Finalist>
- Environmental & Ex Design 부문 <Shortlist>
- Direct & Collateral-Best Use 부문 <Shortlist>

2020 ADSTARS 부산국제광고제
- Design 부문 <Bronze>
- Outdoor 부문 <Crystal>
- Media, PR, Direct, PSA-Green, Data Insight 총 5개 부문 <Finalist>

2020 The One Show
- Design: Promotional & Collateral Items 부문 <Shortlist>

어린 물고기 지켜주는 노란 팔찌 …'착한 소비' 전성시대

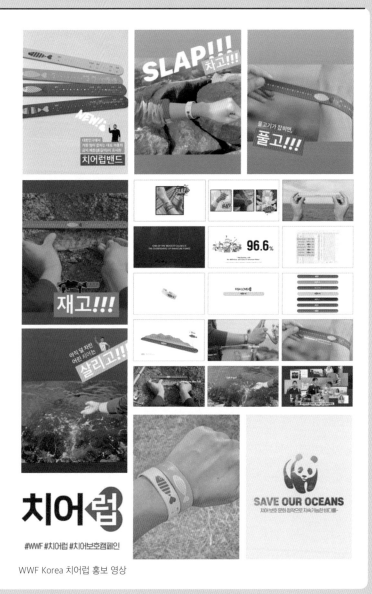

WWF Korea 치어럽 홍보 영상

앞으로 광고는 어떻게 변할까요?

㉠ 이 책을 읽는 청소년이 성인이 되면, 광고는 어떻게 변할까요?

㉢ 제가 처음에 광고를 만들 때는 스마트폰이 없었거든요. 스마트폰 없이 어떻게 일했는지 기억이 잘 안 나네요. 스마트폰이 생기면서 일하는 방식이 완전히 바뀌었어요. 거기에 맞춰서 제작 환경도 급변했고요. 지금 학생들은 또 다르죠. 게임이나 메타버스 같은 가상 세계가 이미 익숙한 세대잖아요. 애플 글라스나 구글 글라스처럼 가상공간에서 여러 시도가 이루어지고, 기술도 크게 발전하고 있지만, 아직 현실적인 캠페인은 진행되고 있진 않아요.

미디어가 다양해지는 만큼 예측은 거의 불가능한 것 같아요. 하지만 확실한 건, 이전의 TV 광고가 일방적인 송출의 개념이었다면, 이제는 1대 1의 맞춤 영역으로까지 왔다는 거죠. 단순한 TV 광고를 통해서 제한적인 정보를 얻은 후에 구매로 이어졌던 시대에서, 이제는 사람들이 원하는 다양한 제품을 수많은 정보 수집 방법을 통해 최종 구매를 결정하는 개개인들에게, 광고가 맞춤형으로 노출되는 방식으로 발전하고 있어요. 잠재적인 고객에게 그들이 원하는 브랜드나 상품의 광고를 적재적소에 보여주는 게 중요해졌죠.

시간이 갈수록 광고는 기술과 빠르게 접목될 것 같아요. 광고가 TV나 미디어에 기대서 잘 만든 영상을 송출하는 것에서 끝나는 것이 아니라, 사람들과 인터렉션Interaction을 이루어서 재미 요소를 일으키거나, 사람들과 계속 인게이지먼트Engagement, 즉 관계 맺기를 해나가는 방식으로 발전할 것 같아요.

콘텐츠 크리에이터 광고제작자의 세계

(편) 광고제작자는 어떤 직업인가요?

(김) 제작이라고 해도 단순히 만들기만 하는 건 아니에요. 물론 기획팀이 따로 있지만, 같이 논의하는 과정을 통해서 만들어지거든요. 제가 앞에서 좌뇌와 우뇌를 모두 쓰는 일이라고 말씀드렸는데요. 광고제작자는 전략과 목표가 분명한 창작물을 만들어내는 직업입니다. 그래서 창의성을 발휘해야 하는 예술가적인 면도 필요하지만, 광고제작자로서 광고주나 브랜드가 설정한 광고의 목표와 나아가 마케팅 지표를 달성하게 하는 것도 중요해요.

명확한 전략을 세우고, 시장 상황이나 제품 그리고 소비자와 관련된 인사이트Insight나 아이디어를 찾아서 독창적인 키워드나 매력적인 비주얼로 승화시키고, 이제까지 보지 못한, 아니면 새롭고 기발한 광고 제작물을 만들어내는 일이에요. 그렇게 만들어진 광고 제작물, 광고 캠페인, 콘텐츠들을 통해서 사람들에게 강한 인상을 남기고, 기억하게 함으로써 광고 전략에서 원하는 방향대로 소비자들의 감정과 행동의 변화를 일으키고자 하는 일이 광고제작자가 하는 일입니다.

(편) 광고 제작 과정을 알려주세요.

(김) 전략부터 기획, 마케팅, 제작팀, 매체 기획 등 전반적인 과정이 다 모여야 하나의 광고가 제작됩니다. 그래서 일반적으로 광고 제작이라고 해도 제작팀만 해당하는 것이 아니라, 이런 전 과정을 다 포함해요. 수많은 부서와 협의를 통해서 영상이나 인쇄 광고, 디지털 광고, 모바일 광고 같은 결과물을 창출하는 거죠. 이해를 돕기 위해서 제가 속한 제작본부의 제작팀 업무 과정을 말씀드릴게요. 예를 들어 30초짜리 TV 영상 광고 하나를 만든다고 가정해 보죠.

1 첫 번째는 광고주가 광고의 목표, 그리고 이 광고가 무엇을 말하고 싶은지 방향성에 대해 광고 대행사에 제작 의뢰를 합니다. 그러면 기획팀과 전략팀이 이 목표를 바탕으로 시장 상황이나 경쟁사, 소비자 성향 등 여러 가지 데이터를 전략 분석해서 광고 기획의 방향성을 제작팀에게 알려주죠. 이것을 제작 오리엔테이션^{Orientation}이라고 해요.

2 오리엔테이션을 전달받으면 제작팀이 회의를 시작하는데요. 광고 제작팀의 총괄관리자Creative Director, CD가 이 광고는 어떤 방향으로 나가면 좋겠다는 제작 방향성을 제작 팀원들에게 제시합니다. 제작팀 안에서는 카피라이터 Copywriter가 헤드라인Headline이나 카피, 문구를 만들어 내고, 아트디렉터가 비주얼이나 아트 디렉션을 담당하는데요, CD가 제시한 광고의 큰 방향성을 가지고 브레인스토밍을 통해서 TV 영상 광고에 대한 아이디어 회의를 진행하게 됩니다.

3 아이디어 회의를 통해, 다양한 콘셉트Concept로 여덟 개에서 열 개 정도의 초안 단계 아이디어가 나오면 저와 같은 광고 제작 총괄관리자인 CD와 함께 리뷰 회의를 합니다. 리뷰 과정을 거치고 난 시안들을 가지고 다시 기획팀과 회의를 해서 광고 전략 기획 방향과 잘 맞는 서너 개 정도의 시안을 추려냅니다. 추려낸 시안으로 제작팀이 살을 붙이고 더 재밌게 발전시켜서 스토리보드, 영상 콘티 형식으로 구성합니다. 카피라이터는 메시지 중심으로, 아트디렉터는 키 비주얼을 중심으로 이 광고가 더욱 매력적으로 보일 수 있도록 다양한 고민으로 퀄리티를 높입니다.

4 CD는 그 내용이 정리되면 프레젠테이션을 준비하고, 기획
팀도 이 광고의 아이디어와 방향성에 대한 프레젠테이션을
동시에 준비해서 광고주에게 보고하는 과정을 거칩니다. 광
고주는 준비된 광고 시안 중 마음에 드는 것을 채택합니다.

5 최종안이 결정되면 외부에 있는 프로덕션에 제작 의뢰를 합
니다. 실제 영상을 찍어주는 CF감독을 만나서 촬영 준비를
합니다. 이때부터 PD, 즉 프로듀서Producer가 같이 참여하는
데요. PD는 광고주가 준 예산에서 촬영에 들어가는 비용을
조율해 지휘하고 CF감독과 제작팀의 커뮤니케이션을 담당
합니다. CF감독은 말 그대로 영상으로 구현하는 광고의 연
출을 담당하는 분이고요. 프로덕션에서는 이 광고 영상을
만들어내기 위해서 여러 곳의 전문 업체로 외주를 주게 됩
니다. 모델, 카메라 촬영팀, 조명팀, 로케이션(세트장이나, 야
외나 해외 등)을 담당하는 로케이션매니저, 스타일리스트,
헤어, 메이크업 등 촬영에 필요한 스태프Staff를 섭외하고 촬
영을 준비하는 거죠.

6 촬영을 마치면 후반 작업, 즉 포스트프로덕션Postproduction
이라고 하는 단계를 거치게 되는데요. 찍어온 영상을 편집

하고, 색 보정하고, 2D나 리터칭, 합성을 통해 화장품 광고 면 모델을 예쁘게 수정하거나 3D로 제품 등을 합성하는 과 정이 이루어지고, 녹음실에서는 사운드 이펙트Sound Effect나 BGMBackground Music을 넣어서 최종적으로 광고를 완성하게 됩니다.

7 그렇게 제작된 광고 영상을 광고주에게 최종 시사를 하게 됩니다. 광고주가 수정해 달라고 하는 부분이 있으면 수정 하고, 마지막으로 마음에 들면 최종 결과물로 TV를 통해 나 가게 됩니다.

보통 제작 기간은 얼마나 걸리나요?

편 엄청 복잡하고 전문적인 과정이네요. 보통 제작 기간은 얼마나 걸리나요?

김 프로젝트에 따라서 천차만별이긴 한데요. 처음에 전략기획팀과 제작팀이 광고주한테 아이디어를 보고하기까지 한 2주 정도 소요되고요. 광고 시안이 채택되어서 프로덕션 감독님과 촬영하고, 후반 작업까지 하는데 2, 3주 정도 소요돼요. 그리고 시사 단계, 시사 후 수령 단계가 1주 정도예요. 그래서 15초, 30초짜리 광고가 나가는데 대개 총 6주 정도가 걸려요.

편 시안을 채택하고, 마지막 시사하는 것까지 광고주가 다 개입이 되네요. 그럼, 광고주도 결과물에 대해서 함께 책임을 지는 건가요?

김 네. 보고하는 단계가 중간에 계속 있어서 광고주의 컨펌 Confirm을 안 받고 진행되는 과정은 없다고 봐도 돼요. 그래도 광고가 나갔을 때 예상치 못한 사고들 예를 들어, 모델에 관한 이슈나 모방에 관한 이슈, 저작권에 관한 이슈가 생기면 광고를 만든 제작 쪽에 책임이 돌아오죠.

주로 제작하는 광고 분야가 따로 있나요?

(편) CD님이 주로 제작하는 광고 분야가 따로 있나요?

(김) 저희 회사는 규모가 커서 디지털 본부, 리테일 본부, 오프라인 체험존 본부 등 제작되는 광고의 분야별로 부서가 나뉘어 있어요. 제가 속한 제작본부는 주로 TV 광고나 디지털 영상 위주의 광고 콘텐츠를 제작하고 있는 부서예요. 그래서 저는 주로 TV 광고나 인터넷에 나오는 영상 콘텐츠를 만들고 있습니다. 회사에 저 같은 CD가 한 40명 정도 있어요. 즉 제작팀이 40개가 있는 거죠. CD마다 아이디어나 성향이 다르고, 디자인 전공자도 있고, 카피라이터 출신도 있고, 정말 다양해요. 그래서 메시지 중심적인 광고를 잘 만드는 사람도 있고, 비주얼 중심의 광고에 특화된 사람도 있어요. 어떤 광고냐에 따라서 기획팀이나 본부장님들이 판단해서, 잘 맞는 CD팀에 분배하죠.

사용하는 장비나 프로그램들이 있나요?

(편) 광고제작자가 주로 사용하는 장비나 프로그램들이 있나요?

(김) 기본적으로 다양한 부서와 함께 일하기 때문에 여기저기 옮겨 다니며 회의할 일이 많고, 외부 근무나 촬영, 광고주 보고 등 이동하면서 업무를 처리할 상황이 빈번하게 발생하기 때문에 데스크톱보다는 노트북을 주로 사용합니다. 노트북은 화면이 작아 비주얼 작업이나 제작물을 프레젠테이션할 때 불편할 수 있어서, 회사에서는 제작 아트디렉터 직군에게 27인치 모니터를 별도로 지급하여, 사무실에서는 노트북과 연결해 큰 화면으로 작업이 가능하게 하고 있습니다. 노트북 외에도 간편하게 들고 다니며 아이디어 스케치를 하거나, 메모를 하고, 각종 파일을 손쉽게 주고받을 수 있는 태블릿 등도 많이 사용하고 있고요. 사용하는 프로그램은 세부 직군에 따라 차이가 있긴 합니다만, 주로 프레젠테이션용 Powerpoint와 Keynote, 이미지 작업용 Adobe Photoshop, Illustrato, 영상 편집용 Final Cut Pro, Adobe Premiere Pro 등 다양한 프로그램을 각자 선호도에 맞게 골라서 사용하고 있습니다.

CD님이 제작한 유명한 광고가 궁금해요.

㉠ CD님이 제작한 유명한 광고가 궁금해요.

㉡ 최근에 수상을 많이 한 광고가 있는데요. 코로나 시기에 우리의 모든 생활이 다 멈추고 안전에 위협을 받으면서 마트에 장 보러 가는 것도 쉽지 않았잖아요. 그래서 저희 제작팀이 신세계 이마트와 손잡고 코로나 시대에 가장 안전한 쇼핑에 대한 캠페인을 한 적이 있어요. 바이러스가 비말뿐만 아니라 손으로 많이 감염되는데, 대형마트에서는 쇼핑할 때 카트의 손잡이를 잡아야 하잖아요. 그런데 찾아보니까 잡고만 있어도 몇 분 지나면 코로나 균까지 99% 살균되는 UV 라이트가 있더라고요. 인체에 무해한 UV 라이트로 쇼핑 카트 손잡이 부분을 만들어서 이마트에 배포하고 캠페인을 했어요. 라이트 세이버 Light Sabers라고 스타워즈에 나오는 광선 검처럼 생겼는데, 그이름을 저희가 변형해서 라이트 세이버Light Saver, 라이트가 생명을 구한다는 이름으로 만들어서 진행했죠. 사람들이 마트에서 쇼핑하는 동안, 인식하지 않고 카트를 끌고 다니기만 해도 어느 정도 시간이 지나면 손이 살균돼서 코로나로부터 안전한 쇼핑이 되도록 하자는 취지였어요. 코로나 시대에 멈춰버린

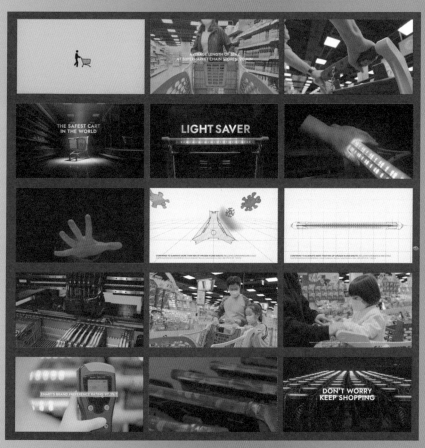

이마트 Light Saver 광고 영상

이마트 \<Light Saver> 캠페인 광고제 수상 내역

2021 대한민국광고대상
• 커뮤니케이션 디자인 부문 \<대상>
• 옥외 부문 \<대상>

2020/21 Cannes Lions
• Design: Brand Environment & Experience Design 부문 \<Finalist>
• Direct: Use of Ambient Media 부문 \<Finalist>

2021 London International Awards
• Product Innovation 부문 \<Bronze>

2021 ADFEST 부산국제광고제
• INNOVA Lotus 부문 \<INNOVA Lotus>
• Brand Experience 부문 \<Bronze>

2021 NewYork Festival
• Health & Wellness: Innovation 부문 \<Bronze>
• Avant-Garde: Innovative 부문 \<Bronze>
• Health & Wellness: OOH 부문 \<Finalist>
• Activation & Engagement: Best Use 부문 \<Finalist>

2021 Spikes Asia
• Brand Experience & Activation 부문 \<Bronze>

2021 ADSTARS
• Outdoor: Ambient / Special Build 부문 \<Silver>
• Design: Sector - Distribution / Publication 부문 \<Silver>
• Direct: Use of Direct Marketing 부문 \<Bronze>
• Healthcare 부문 \<Bronze>
• Pivot 부문 \<Crystal>

2021 The One Show
• OOH / Health & Wellness 부문 \<Merit>

• Physical Product 부문 <Merit>
• Service Design / Customer Experience 부문 <Merit>
• Experiential & Installations / Experiential & Immersive 부문 <Merit>

2021 Tambuli Awards
• Digital Innovation & Tech 부문 <Finalist>

이마트 Light Saver 관련 기사

온도에 반응하는 쿠폰이 인쇄된 '세이프 세일' 라이트 세이버(Light Saver)' 카트(왼쪽)과 LED 살균기기 장착한 '라이트 세이버(Light Saver)' 카트.
[제일기획 제공]

코로나 시대 '안심 쇼핑' 하세요

제일기획, 이마트와 이색 캠페인

오프라인 이마트 매장을 방문하는 고객들을 코로나19 감염에서 지켜주는 서비스가 나왔다. 제일기획은 이마트와 공동으로 '라이트 세이버(Light Saver)' 카트, 세이프 세일(Safe Sale) 항균 장갑을 활용한 '코로나 시대 안심 쇼핑 캠페인'을 진행한다고 20일 밝혔다.

지난 19일부터 시작된 이번 캠페인은 이달 24일까지 이마트 고양시 풍산점과 김포 한강점에서 진행된다.

'라이트 세이버(Light Saver)' 카트는 대형마트 방문 고객들이 쇼핑을 할 때 카트 손잡이를 잡고 있는 시간이 길다는 점에 착안해 개발된 서비스다. 카트 손잡이에 발광다이오드

제일기획과 이마트는 살균기 전문업체 원 웨이브라잇과 협업해 손잡이에 LED 살균기가 장착된 특수 카트를 제작했다. 고객이 손잡이를 잡으면 살균기가 작동해 1분당 99.9%의 살균력으로 손잡이를 살균한다.

'라이트 세이버(Light Saver)' 카트와 아이템트는 살균기 전문업체와 협업해 개발된 것으로 99.9% 살균력으로...

내일신문 2020년 11월 20일 금요일 016면 산업

제일기획-이마트 살균기장착 카트 개발

항균장갑도 비치

제일기획은 유통업계 이마트의 항균 손잡이에 대한 소독기가 장착된 특수카트를 공개했다. '라이트 세이버' 캠페인을 마트 내, 온도에 반응하는 쿠폰이 인쇄된 '세이프 세일' 항균 장갑을 비치했다.

제일기획 관계자는 "대형마트에서 쇼핑할 때 카트 손잡이를 잡고 있는 시간이 길다는 점에 착안해 손잡이 내에 살균기가 장착된 특수 카트를 개발했다.

제일기획은 이마트는 살균기 전문업체와 협업해 손잡이에 LED살균기가 장착된 특수 카트를 제작했다. 고객이 손잡이를 잡으면 LED 살균기가 작동해 99.9%의 살균력으로 손잡이를 소독한다. 이 캠페인은 이달 24일까지 이마트 고양 풍산점과 김포...

이마트 Light Saver 대한민국광고대상 시상식

일상에서 소비자들에게 많은 공감과 인기를 얻었고, 광고제에서 상도 많이 받았던 캠페인이에요.

(편) 많이 노력하고 정성 들여 만들었지만, 반응을 얻지 못했던 적도 있나요?

(김) 그럼요. 모든 광고가 대박이 나는 경우는 거의 없어요. 열 편 중에 한 편 정도 인기를 얻을까 말까 해요. 나머지는 큰 관심을 못 받죠. 사람들이 광고를 잘 기억하진 않잖아요.

광고제작자가 되길 잘했다고 느끼는 순간은 언제예요?

편 광고제작자가 되길 잘했다고 느끼는 순간은 언제예요?

김 광고제작자는 숙명적으로 제작물이나 콘텐츠가 사람들한테 관심을 받아야 해요. 없는 관심도 불러일으켜야 하죠. 관심을 못 받는 게 대부분이지만, 그래도 사람들의 반응이 있고 그것을 체감하게 되면, 그럴 때 행복하다고 느끼고 이 직업을 잘 선택했다는 생각이 드는 것 같아요.

제가 올해 〈디아블로 4〉라는 게임 캠페인을 진행했거든요. 〈디아블로〉는 블리자드 엔터테인먼트라는 곳에서 만든 레전드 게임인데, 전편 출시 11년 만에 〈디아블로 4〉를 새롭게 론칭Launching 하면서 우리나라에서 광고하기를 원했어요. 글로벌 탑 게임사의 워낙 큰 프로젝트라서 국내 열 개 광고 대행사가 경합을 벌였고, 그중에서 저희 팀이 선정되어 캠페인을 진행하게 됐죠.

블리자드 자체가 게이머들 사이에서는 워낙 인지도가 있고, 〈디아블로〉도 1996년 처음 발매된 후부터 레전드 게임이라서 30~40대 사이에서는 확고한 팬덤이 있지만, 사실 요새 젊은

<디아블로 4> 론칭 광고

<디아블로 4> 헬 스테이션 체험 신청 광고

전략적 크리에이터
광고 제작자

덕후가 만든 '디아4' 현실판

'4D급 지옥'이 열렸다

김종민(왼쪽)·재일기획 제작본부 크리에이티브 디렉터와 이경호 비즈니스 17팀 프로가 불리자드 '디아블로4' 체험관 포토존에서 포즈를 취하고 있다.

CAUTION CAUTION CAUTION CAUTION

'역대급 흥행' 디아블로4 체험관

메일비릭, '전쟁' 모아 광고 캠페인
지옥=지하 착안~ 역내 유휴공간 활용
게임 속 분위기·소품 등 완벽 재현
2030 유인~ 한 달 새 2만 4000명 신청

지난달 서울 지하철 5호선 영등포구청 역 지하 같은 곳 숨겨진 공간에서 역대급 소환하는 피부양이 의식이 열렸다는 소식이 들려왔다. 다행히 실제 상황이 아닌 블리자드의 신작 게임 '디아블로4'의 오프라인 체험관 '헬 스테이션' 얘기다. 11일까지 운영한 체험관을 비롯해 디아블로4 전체 광고 캠페인은 올해 초 진행한 경쟁입찰 끝에 블리자드의 선택을 받은 제일기획이 담당했다. 제일기획은 이 캠페인을 맡기 위해 디아블로 '덕후'에 호가능로 뭉쳤다. 지난 8일 서울신문과 인터뷰한 김종민 제작본부 크리에이티브 디렉터(CD)와 이경호 비즈니스 17팀 프로 역시 디아블로2부터 플레이해온 팬들이다. 심지어 제일기획의 협력사 BMT의 유성근 PD부사장은 '디아 덕후'로 유명하다고 한다.

마니아들이 제작에 참여한 만큼 체험관은 게임 속 분위기를 그대로 옮기는 듯했

다. 체험 후반부에 등장하는 게임 최종 보스 릴리스의 조각상은 예술 작품에 가까웠다. 김 CD는 "릴리스 머리의 복잡한 형태를 도저의 조각으로는 재현할 수가 없어 수상만 3D프린트로 했다"고 설명했다.

하필 지하철역 유휴 공간에서 현장 캠페인을 진행하게 된 데는 광고주인 블리자드 코리아의 '욕심'이 많이 작용했다. 블리자드는 디아블로4가 30~40대 남성 위주로 형성되어 있던 팬층을 넘어, 시리즈를 처음 접하는 20~30대를 끌어들이길 원했다. 이 프로는 "광고주가 기존 게임 캠페인처럼 영상이나 웹 페이지 배너 위주 광고를 원하지 않았다"며 "화제성 있고 임팩트가 강한 '에픽'(장대한) 캠페인을 원했다"고 말했다. 블리자드의 제일기획은 디아블로4만의 독특한 분위기를 체험으로 구현해야 한다는 데 동의했다. 그래서 디아블로의 '지옥'을 보여줄 수 있는 장소가 필요했다. 김 CD는 "'지옥'하면 '지하'가 떠올라 지하철역을 생각하게 됐다"며 "한적해지다 보니, 많은 지하철역의 유휴 공간을 활용할 방안을 모색하게 되더라"고 말했다.

수많은 시민이 이용하는 지하철역 공간에 체험관을 만드는 일은 그리 간단하지 않았다. 이 프로는 "계약은 문제없었는데 서울교통공사 측에서 안전을 많이

걱정했다"며 "소화기를 비롯한 방어 용품은 당연히 구비했고, 행사장에 설치한 대가 조형물에 방염 처리까지 했다"고 말했다. 사용하지 않던 공간이라 곳곳에 있지 않던 전기 시설, 공조 장치 등은 구축하는 일에도 시간이 많이 걸렸다.

체험관 준비 과정에서 에피소드도 있었다. 이 프로는 "선혈이 낭자한 분위기를 연출하다 보니 작업 중에 여기저기서 '피가 모자라', '피 좀 튀겨'라는 소리들을 태연하게 내뱉었다"며, 방대한 신체를 묘사한 소품도 많았다. 이 프로는 "온전한 실제 인체 사이즈 모형을 제작해 자르고 가르는 방식으로 작업했는데, 대행사에 출팅 인원들이 '실제 신체를 훼손하는 것 같은 너무 괴기스러운 느낌이었다'고 넋이 나갔다"고 덧붙였다.

캠페인의 성공을 거뒀다. 디아블로4는 여타 지사 게임 사전 구매 기록을 모두 갈아치웠다. 캠페인의 일환으로 만든 체험관 관련 콘텐츠 5개는 조회수가 194만을 남겼다. 연진관리 문제로 소수 예약제로 운영, 하루 정원이 7~12개에 불과했는데 신청자가 지난 5월에만 꽉 4000명이 몰렸다. 이 프로는 "현장에 머침 상주했는데 20대 후반~30대 남성이 여자 친구를 데리고 많이 오더라"고 말했다.

글·사진 김민석 기자

<디아블로 4> 헬 스테이션 관련 기사

세대들은 잘 모르는 게임이거든요. 광고주는 이번 〈디아블로
4〉를 통해 20~30대 젊은 게이머층을 더 끌어오고 싶다는 의
지가 분명했고, 레전드 게임의 격에 맞게 장엄한 캠페인을 펼
치고 싶어 했어요. 그래서 저희도 기존의 다른 게임 브랜드들
이 했던 TV 광고나 인터넷, 온라인 배너 광고 외에도 다른 방
식의 접근을 제안했죠.

디아블로가 지옥 그 자체거든요. 악마와 천사의 대결인데,
피가 낭자한 핵 앤 슬래시^{Hack and Slash} 장르의 게임이에요. 이
게임이 지옥 그 자체라면, 우리 현실 세계에서 지옥을 구현해
보자고 생각했고, 광고주도 그 생각에 동의했어요. 그렇다면

〈디아블로 4〉 헬 스테이션 체험자 인터뷰

<디아블로 4> 헬 스테이션 영상

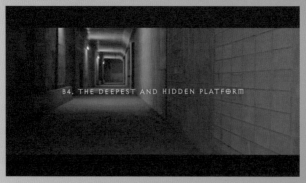

전략적 크리에이터
광고 제작자

서울 한복판에서 지옥을 구현할 수 있는 곳이 어디인가? 지옥, 지하, 지하철? 그래서 알아보니까 서울 지하철역에 유휴 공간이 많이 있더라고요. 유휴 공간은 공사를 하다가 멈추거나 사용하지 않는 공간인데, 서울 도로교통공사에서도 그런 곳들을 활용하고 싶어 했어요. 마침 저희가 그곳에 〈디아블로 4〉의 체험존을 만들겠다고 제안한 거죠. 사람들이 지하철역에서 게임 공간의 지옥을 몸소 체험할 수 있도록 영등포시장역 지하 4층 유휴 공간에 헬 스테이션Hell Station이라는 체험존을 꾸며서 지옥의 세계관을 구현했어요.

그리고 가장 중요한 부분은 안전이니까 소방 도구나 방재 시설 등을 철저하게 준비했고, 그 안에 들어가는 모든 아이템을 다 방화 처리했죠. 그렇게 게임 론칭 시점에 맞춰 헬 스테이션을 오픈하면서 TV 광고, 디지털 광고, 옥외 광고를 동시에 진행했어요.

지하에서 공사하면서 분진도 많고 힘든 과정이었지만, 헬 스테이션에서 체험하고 나온 사람들을 인터뷰해 보니까 게임에 대해서 전혀 모르는 사람들도 "디아블로 게임에 관심이 생기고 직접 해보고 싶다."는 내용들이 많았어요. 저희가 만든 디지털 콘텐츠들도 조회 수가 300~400만 회까지 오르고, TV 광고도 좋았죠. 블리자드에는 디아블로 외에도 스타크래프트나오버워치 같은 다양한 게임들이 있거든요. 그런데 그중에서도 〈디아블로 4〉가 론칭하고 단기간 내에 가장 많이 팔린 게임으로 기록됐어요.

편 성공한 캠페인이네요.

김 네. 이렇게 제가 만든 광고에 사람들의 관심과 반응이 있을 때 제작자로서 제일 행복하고 보람을 느낍니다.

편 디아블로는 전 세계 유저들이 사용하는 게임이잖아요. 이렇게 지하철 공간에 체험존을 만든 걸 전 세계에서 볼 수 있나요?

김 헬 스테이션 체험존이 어떻게 구성되는지 영상으로 따로 만들어서 블리자드 코리아 홈페이지에 올렸어요. 블리자드 엔터테인먼트는 글로벌 기업이기 때문에 헬 스테이션은 국내 캠페인용이었지만, 글로벌 컨펌은 다 받아서 진행되었죠. 블리자드 본사의 임원들도 와서 직접 체험해 보고 좋다고 해 주셨어요. 게임 시장에서 한국은 중요한 시장 중 하나예요. 왜냐하면 한국이 게임 강국이고, 게임이 론칭되면 제일 높은 레벨을 달성하거나, 제일 먼저 끝판왕을 깨는 건 항상 한국 사람들이거든요. 그래서 블리자드에서도 한국 시장을 가장 중요하게 생

각하고, 본사 임원진들도 세계의 여러 지사 중에서 가장 먼저
한국을 방문했어요. 그래서 헬 스테이션도 직접 체험해 보고
가신 거죠.

해외 광고와 우리나라 광고의 차이가 있나요?

(편) 해외 광고와 우리나라 광고의 차이가 있나요?

(김) 국가별로 문화에 따라서 광고를 어필하는 방식이나 선호하는 형식이 다를 순 있겠지만, 제작 방식은 거의 차이가 없는 것 같아요. 우리나라도 글로벌 제작 시스템을 따라가기 위해서 오랫동안 노력해 왔고, 저희 회사만 해도 이미 글로벌 클라이언트들이 많거든요. 또 제작 부서에서 TV 광고나 각종 콘텐츠를 만들 때도 해외의 유명한 CF감독이나 스태프들과 일하는 경우도 많고, 촬영은 국내에서 하고 후반 작업을 외국 업체에 맡기는 경우도 많아요. 시스템적으로 우리나라와 해외의 제작 환경에는 큰 차이가 없는 것 같아요.

(편) 광고업계에 계신 분들이 많이 모니터 하는 국가나 지역이 있을까요?

(김) 촬영이나 연출 관련해서는 유럽 쪽도 많이 보고, 독특한 아이디어의 광고를 참고할 때는 동남아나 태국 광고를 많이 봐요. 유머러스하고, 그들만의 특이한 감성과 아이디어도 많고, 신선하고, 재미있어요.

㉠ 광고제작자의 일과가 궁금합니다.

㉢ 광고제작자의 일과는 테라스 있는 카페에서 에스프레소 한 잔에 영자신문을 보며 번뜩이는 아이디어가 떠오르면, '그래! 맞아, 이거야!' 하면서 태블릿에 슥슥 스케치해서 전송 버튼 누르고, 스스로 뿌듯해하면서 팔짱을 낀 채 와인 한 잔 마시며 하루를 마무리할 것 같지만 현실은 회의의 연속입니다. 회의가 들 정도로 회의가 많습니다. 하루하루가 다른 일과지만, 제일 바쁜 날을 예시로 말씀드리면,

오전 10시	기획팀과 전날 보고했던 광고 시안에 대한 광고주 피드백 회의를 합니다.
오전 11시	제작 팀원들과 모여서 광고주 피드백을 어떻게 광고 시안에 적용하여 수정 및 디밸롭할지 회의합니다.
12시~ 오후 1시 반	점심시간이 지나면,

오후 2시	프로덕션 감독님과 다른 광고 프로젝트에 대한 촬영 준비 회의를 합니다.
오후 4시	그 후에는 신규 프로젝트 건으로 전략팀과 전략 방향성 회의 등이 이어집니다.
오후 6시	그러다 보면 저녁이 되고, 내일 보고해야 할 광고 시안 스토리보드와 카피를 정리하기 위해, 제작팀의 아트디렉터와 카피라이터가 다시 모여 회의하고, 아이디어를 짜내어 내용들을 정리합니다.
오후 8시	회의가 끝나면 저녁 식사를 간단히 해결하고, 팀원들은 외주 협력업체에 발주한 이미지 작업이나 중간 과정들을 확인하러 나가고, CD는 광고주에게 보고할 Presentation을 준비합니다.
오후 11시~ 12시경	퇴근하는 차 안에서, 샤워하는 동안, 잠들기 전 뭐라도 기똥찬 아이디어가 떠오르길 기대하며 머리를 굴리다 보면 어느덧 잠이 들고 다음 날이 다시 시작됩니다.

대략의 예를 든 일과이긴 하지만, 보통 이런 식의 하루하루가 대한민국 여느 광고제작자의 일과와 비슷하다고 생각해 주시면 됩니다.

가장 영향을 많이 받은 인물은 누구예요?

CD님이 가장 영향을 많이 받은 인물이 있을까요? 멘토가 되어주신 분이요.

제가 2006년에 공채로 TBWA Korea라는 회사에 입사했는데요. 당시에 제작본부 상무님이었던 조익명 CD님이 계셨는데, 제작자, 크리에이터로서 영향력이 컸던 분이에요. 지금 청소년들은 잘 모르겠지만, 당시 대한민국에서 유명했던 광고 캠페인을 거의 다 제작했던 분이죠. SK텔레콤 〈사람을 향합니다〉, SK텔레콤 〈월드컵 캠페인〉, 지금도 응원가로 쓰이는 대한민국 박수도 만들었고, 〈현대생활백서〉, SKY 〈It's different〉 캠페인 같은 것들을 다 만들었어요.

조익명 CD님은 저와 같이 디자인을 전공했고, 광고인으로서 아이디어를 발상하는 부분부터 광고를 촬영하거나 편집할 때 신경 써야 하는 부분들, 디테일이 어떻게 결과의 차이를 만들어 내는지, 그리고 제작자가 조심해야 할 부분이나 지녀야 할 태도까지, 사회인으로서 광고인으로서 저의 모든 기반을 다 만들어 주신 분이라서 영향을 정말 많이 받았어요. 지금도 대부분은 그분께 배운 대로 해나가고 있어요.

TBWA Korea 시절,
SK텔레콤 <사람을 향합니다> 캠페인

TBWA Korea 시절,
SKY <MUST HAVE> 캠페인

㉠ 언제 제일 행복하세요?

㉢ 광고 제작하는 사람들은 거의 비슷할 것 같은데요. 항상 머릿속이 쉬지를 않아요. 몸은 가만히 있어도 머리는 계속 새로운 아이디어에 목말라하고, 프로젝트가 있거나 없거나, 제가 의식을 하지 않아도 뇌가 무언가를 계속 생각하고 있어요. 휴일이나 주말에 편하게 쉬고 싶어서 가만히 있어도, 저도 모르게 뭔가 계속 아이디어를 업그레이드Upgrade 하고 있거든요. 항상 자가발전하고 있는 느낌이랄까요? 굉장히 피로하죠. 그래서 사실 가장 행복할 때는 잡념이 없어지고 멍한 순간인 것 같아요. 머릿속이 하얗게, 아무 생각이 없는 상태일 때가 있어요. 아마도 머리에서 너무 과부하가 걸리니까 '그만하라'는 신호를 보내는 것 같아요. 그런 느낌이 들면 일부러 그 시간을 보내려고 해요. 그때가 제일 행복한 것 같아요.

이 직업의 최고 매력은 뭘까요?

(편) 광고제작자라는 직업의 최고 매력은 뭐라고 생각하세요?

(김) 광고제작자는 창작 활동을 하는 사람들이에요. 머릿속에 있는 무언가를 현실에 만들어낼 수 있다는 것이 가장 큰 매력이고, 그 과정에서 희열을 느끼는 것 같아요. 하지만, 앞에서 말씀드린 대로 광고는 제작자 혼자서 할 수 있는 일이 절대 아니죠. 아무것도 없는 무에서 유를 창조하는 것이 아니라 전략, 기획, 마케팅, 매체 등의 여러 전문가가 모여서 머리를 맞대고 만들어내는 다양한 아이디어들의 조합이에요. 어떤 사물 간의 관계를 들여다보거나, 서로 연결점이 없어 보이는 다양한 것들을 결합해 보면서 사람들의 경험을 바탕으로 연결해 내고 발전하는 과정을 통해 하나로 완성되는 창작물이거든요. 각자 원석인 상태의 아이디어를 가지고 서로 깎아내면서 다이아몬드를 만드는 거죠. 그런 성장과 발전의 과정을 거쳐서 탄생하는 창작물이 광고예요. 저는 광고 제작의 이 과정이 가장 큰 매력인 것 같아요.

정말 힘들다고 느낀 적도 있을 것 같아요.

편 일이 정말 힘들다고 느낀 적도 있을 것 같아요.

김 광고 제작사는 보통 1년 주기로 광고주의 일을 받아서 해요. 그래서 매해 연말마다 한 광고주의 광고를 놓고 여러 광고 대행사들이 경쟁 프레젠테이션을 합니다. 내년엔 어떻게 광고를 제작하겠다고 어필하는 거죠. 주로 12월에 하는데, 여러 대행사가 경쟁하는 만큼 준비하면서 신경도 많이 쓰고, 며칠씩 밤을 새우기도 해요.

제가 신입일 때, 12월 23일이 경쟁 PT를 하는 날이었어요. 당시에는 주 52시간 근무제 같은 것도 없었고, 다들 밤까지 일하는 경우가 다반사여서 며칠 밤을 새우면서도 '12월 23일에 프레젠테이션만 잘 끝나면 행복한 크리스마스와 연말을 보내겠다'고 기대하고 있었죠. 그런데 광고주가 여러 대행사 중에서 저희 회사를 포함한 두 군데만 1월 3일에 2차 경쟁 PT를 하자고 한 거예요. 당시에 저는 신입이니까 꼼짝없이 12월 24일부터 1월 3일까지 밤을 새워서 또다시 준비해야만 했죠. 저의 소중한 크리스마스와 연말이 날아가 버린 거예요. 그때 편집실에서 밤하늘을 보면서 힘들어서 그만두고 싶다고 생각했죠.

요즘에는 주 52시간 근무가 지켜지고, 근무 환경도 많이 개선 돼서 그런 일은 거의 없어요. 그리고 광고주도 무리한 일정을 광고 대행사나 광고 제작사에 요구하는 경우도 대부분 없어졌고요.

광고 제작사와 대행사는 다른 건가요?

편 광고 제작사와 대행사는 다른 건가요?

김 제가 근무하는 제일기획은 광고 대행사예요. 대행사 안에 여러 파트가 있는데, 저는 제작 파트에 소속되어 있는 거고요. 저희 입장에서 광고 제작사는 대행사에서 발주를 주는 프로덕션을 의미하죠. 그런데 학생들은 광고 제작에 대해 잘 모를 것 같아서 제가 광고 대행사, 광고 제작사를 혼용해서 얘기하고 있어요.

편 어떤 사람이 광고제작자 직업과 잘 맞을까요?

김 남들이 안 하는 생각을 하는 게 재밌고 즐거운 사람이면 좋을 것 같아요. 그리고 남들이 안 해본 것을 시도하는 게 즐거워야죠. 남들과 똑같은 건 싫어하고, 세상이나 주변의 작은 일에도 관심과 호기심이 많아야 해요. 그리고 광고는 기본적으로 여러 사람과 함께 하는 일이기 때문에 다른 사람들의 말을 잘 들어줘야 하고, 사람들의 마음을 움직이려면 공감 능력이 뛰어나야 해요. 상상을 잘하고, 별거 아닌 작은 소재로도 이야기를 잘 만들어내는 이야기꾼들. 음악이나 영화, 드라마, 소설 같은 걸 보면서 잘 웃고 잘 우는 감성이 풍부한 사람. 그리고 자신이 좋아하는 거라면 그게 뭐든 끝까지 해본 친구들이면 좋을 것 같아요. 만화책이면 만화책, 운동이면 운동 그 무엇이라도 좋아요. 좋아하는 걸 끝까지 해본 사람이 이 직업에 잘 맞아요. 그리고 옷 입는 감각이 있거나 미술, 음악, 글 등 어느 쪽이든 감각이 있는 사람이 좋아요. 또 좋고 싫음의 의사 표현을 잘할 수 있는 사람. 가장 중요한 건 어느 상황에 있더라도 자기 모습을 좋아할 수 있는 사람이 광고제작자를 하면 좋을 것 같아요.

좋고 싫은 표현을 못 하면 문제가 되나요?

편 좋고 싫은 표현을 잘 못 하면 어떤 문제가 생길 수 있을까요? 그리고 자신을 좋아하지 않으면 어떤 문제가 될 수 있는지 궁금해요.

김 광고 제작은 회의의 연속이라고 말씀드렸잖아요. 정말 많은 사람과 무수한 회의를 하면서 광고가 만들어지는데, 그 속에서 나의 의견이 명확하지 않으면 다음 단계로 넘어갈 수 없어요. 내 아이디어는 이런 걸 말하고 싶은 거고, 다른 사람의 의견 중에는 어떤 부분이 좋고, 다른 의견에 대해서 나는 이런 생각을 하고 있다는 명확한 의견이 있어야 해요. 의견을 표현할 수 없으면 다음 단계로 넘어갈 수 없어요.

그리고 나의 모습을 좋아한다는 건 결국 자존감의 문제인데요. 창작자들은 자존감이 떨어지면 일할 때 힘들어지거든요. 세상에 결과물을 내놓는 사람들이잖아요. 그 결과물로 사람들로부터 반응을 일으켜야 하고요. 자신이 낸 아이디어와 생각들의 재료로 결과물을 만들어 세상에 내보내길 원한다면, 먼저 자기 자신에 대한 신뢰와 애정이 있어야 해요. 그러려면 자신을 사랑하고 좋아하는 게 우선되어야 한다고 생각하고요.

이 직업에 적합하지 않은 사람은 누구일까요?

㉠ 이 직업에 적합하지 않은 사람도 구체적으로 말씀해 주세요.

㉢ 광고는 창조적인 일이에요. 창조의 영역엔 순수 예술도 있어요. 자신만의 위대한 것을 표현하는 분 중에는 혼자 일하는 게 편하고 그게 효율적인 사람들도 분명히 있을 거예요. 그런데 광고 제작은 창조적이면서도 혼자서는 아무것도 이루어지지 않고, 그 어떤 결과물도 나오지 않는 일입니다. 여러 사람이 전략적으로 회의와 과정을 통해서 최적의 솔루션을 찾고, 그것을 창작의 영역에서 표현하는 거죠. 각자의 분야에서 개성과 자기주장이 강한 사람들이 모여서 일하기 때문에, 광고를 만들기 위해서는 커뮤니케이션하는 과정이 꼭 필요해요. 그 안에서 이런 과정의 필요성을 느끼지 못하거나 자기 생각대로만 표현하려고 하는 사람은 광고 제작 과정이 힘들거나 불편하다고 느낄 거예요. 이런 사람들은 광고 제작과 맞지 않는 것 같아요. 즉 광고는 순수 예술과 결이 다르고, 명확한 전략과 목표를 함께 일하는 전문가들과 논의하고, 창작의 영역 또한 그 안에서 같이 찾아내는 솔루션에 가깝다고 생각해야 합니다.

광고제작자들이 가진 직업병이 있나요?

(편) 광고제작자들이 가진 직업병이 있나요?

(김) 저는 머릿속으로 모든 상황의 반대를 생각해요. 구체적인 아이디어가 아니더라도 '아니다. 없다. 바뀌었다.'라고 무엇이든지 반대를 가정해서 생각하는 경향이 있어요. 그게 아이디어 발상의 기본 출발점이에요. 예를 들어 이번에 광고하는 제품이 폴더블폰이면, 이렇게 펼쳐지는 폰이 세상에 없다는 가정부터 생각해요. '이 폰이 펼쳐지지 않았다면 어땠을까?' 하늘을 볼 때도 '하늘이 파란색이 아니라면 어떨까?' 책상 위에 있는 게 '물티슈가 아니라 불티슈라면 어떨까?' 무엇이든 이렇게 반대로 먼저 생각해 보는 거죠. 일이 아닌 일상생활에서도 이러니까 너무 피곤한 거예요. 이게 직업병인 것 같아요. 그리고 광고 제작하는 사람 중에는 예민한 사람들이 많은 것 같아요. 주변 정리가 안 되어 있으면 일에 집중을 못 해서 책상 위 물건들의 수직 수평을 다 맞추는 사람도 있고요.

(편) 업무 스트레스는 보통 어떻게 해소하세요?

(김) 사실 광고업의 특성상, 업무적으로 받는 스트레스를 동종 업계 사람들이 아니면 이해하기 힘든 부분들이 많습니다. 왜 그렇게 밤을 새워가면서 고민하는지, 별거 아닌 이미지 하나, 카피 한 줄에 목숨을 걸듯이 달려드는지, 같은 업에 종사하는 사람들이 아니면 이해하기 힘들죠. 그래서 주변의 동료 선후배 크리에이티브디렉터들과 수다 타임을 많이 갖습니다. "이런 광고주의 이런 프로젝트를 하고 있는데, 내 생각은 이러한데, 광고주는 이런 걸 못 받아주더라"라든지, "크리에이티브 아이디어는 훌륭한데, 기획과 전략 방향성이 날카롭지 않고, 모호한 것 같다."라든지 등등부터 "다른 회사에서 만든 그 광고 참 좋더라, 참 별로더라" 등등까지. 비슷한 고민과 스트레스가 있는 사람들과 한바탕 떠들고 나면 그나마 '나만 괴롭고 힘든 인내의 과정을 겪고 있는 게 아니구나, 곧 좋은 날 오겠지.' 하고 넘어가게 되는 거 같아요. 업무하는 데 있어 주변에 어떤 동료들과 선후배들이 있는지도 스트레스 매니징 하는데 중요한 부분인 것 같습니다.

광고 제작에 대한 영화나 드라마가 있을까요?

㉠ 광고 제작에 대한 영화나 드라마가 있을까요?

㉢ JTBC 〈대행사〉라는 드라마가 있어요. 예전에도 광고 회사를 배경으로 한 드라마가 있었는데, 대부분 과장되거나 연애를 중심으로 한 이야기가 많았어요. 그런데, 〈대행사〉라는 드라마는 현실적인 내용이 많이 들어 있더라고요. 저희 회사 직원들도 그 드라마를 보면서 사전 조사를 많이 한 것 같다고 얘기했어요.

그리고 외국 드라마로는 〈매드맨Mad Men〉이라고 있어요. Mad Men은 뉴욕에서 광고업계에 종사하는 사람들을 지칭하는 말인데, 광고 대행사가 몰려있는 뉴욕의 Madison Avenue와 Ad men의 합성어입니다. 드라마의 배경은 1960년대 미국 뉴욕에 위치한 스털링 쿠퍼라는 광고 대행사로 광고 제작 책임자인 돈 드레이퍼의 인생사, 가정사와 함께 광고계의 비하인드 스토리와 당시 시대상을 다룬 작품이에요. 광고 제작을 소재로 다룬 작품 중에 레전드로 꼽히는 작품이고, 크리에이티브디렉터의 엄청난 매력과 능력을 발산하는 장면들을 보면서, 광고제작자도 참 멋진 직업이구나 느껴볼 수 있을 거예요.

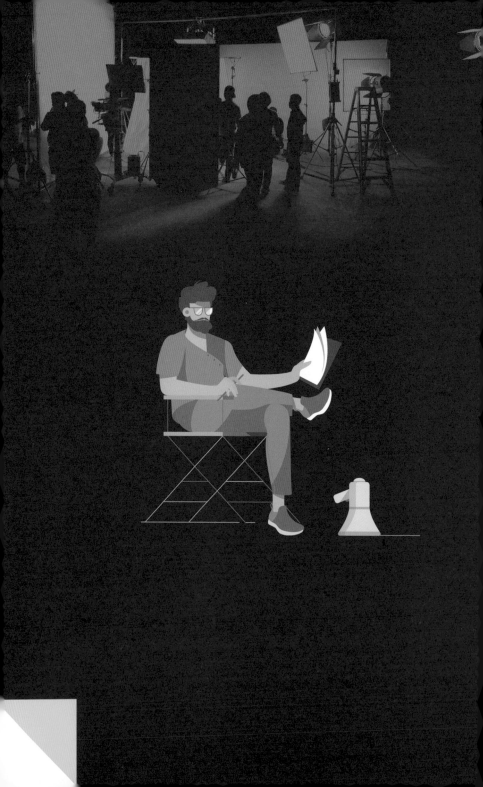

광고제작자가
되는 방법

(편) 광고제작자가 되는 방법을 알려주세요.

(김) 제작팀에는 아트디렉터와 카피라이터가 있는데요. 아트디렉터는 비주얼이나 이미지를 담당하니까 디자인 관련이나 미술 전공, 관련자가 많은 편이에요. 그리고 카피라이터는 국문과 출신이 많지만, 광고홍보학과, 신문방송학과, 문예창작과, 경영학과 출신들도 있어요. 전공학과가 딱히 정해져 있지 않아요. 광고 제작 직군에 일하는 분들은 대부분 대학교 시절부터 전공에 상관없이 광고에 관심을 두고 동아리 활동을 하면서 공모전 등을 경험하고 아이디어 발상 능력을 기르는 경우가 많은 것 같아요. 그래서 대학교 4학년 때 광고 회사에 인턴이나 아르바이트로 단기간 실무 경험을 한 후에 공채로 입사하는 경우가 많아요. 아트디렉터는 예능 계열, 미술, 디자인 전공자가 확실히 많고요.

(편) 전공이 뚜렷하네요.

(김) 제작팀에 이공계열 전공자들도 점점 증가하는 추세예요. 미디어가 발달하면서 새로운 기술, 즉 뉴미디어나 테크놀로지

와 광고가 접목되는 일이 많아서 이공계 전공자들도 광고 제작 직군으로 들어오는 경우가 최근에 많아졌어요. 광고가 단순히 TV에 내보내는 15초 영상, 30초 영상의 영역에서 이미 벗어났기 때문에 광고나 마케팅에 관심이 있고, 자기 아이디어를 통해 소비자의 행동 변화를 유발하고 싶은 분이라면, 전공과 무관하게 광고 제작 직군에 들어올 방법은 정말 많다고 생각합니다.

공모전에 지원해서 상을 받으면 좋은 거네요.

편 공모전과 인턴을 말씀해 주셨는데요. 광고 제작에 관심이 있는 학생이라면 공모전에 지원해서 상을 받으면 좋은 거네요.

김 도움이 되죠. 광고 공모전은 저희 같은 광고 대행사에서 주최하는 공모전도 많아요. 다양한 관공서나 지자체에서도 공익 캠페인 같은 아이디어를 공모하는 경우도 많고요. 또 기업체에서 학생들에게 직접 의뢰하기도 해요. 우리 제품에 대해서 광고 동아리나 광고를 지망하는 학생들에게 아이디어를 내달라고 해서 자체적으로 의견을 받아보는 거죠. 공모전에 도전하면 아이디어 발상이나 여러 경험도 쌓을 수 있고, 수상을 하면 나중에 입사할 때 경력으로도 인정받을 수 있으니까 해보면 좋을 것 같아요.

대학시절 광고 공모전 응모 작품

(편) 대학 시절에는 광고 동아리 활동을 하는 게 도움이 될까요?

(김) 저는 동아리 출신은 아니지만, 활동을 안 하는 것보다는 도움이 되죠. 우리나라에 유명한 4대 광고 동아리가 있다고 해요. 대학 연합 동아리로 규모도 크다고 들었어요. 요즘 취업문이 좁아지고, 광고에 관심 있는 친구들이 많아서 더 활발해진 것 같아요. 동아리에 들어가면 광고 분야 취업 관련 정보나 공모전 같은 정보도 공유받고, 또 동아리 출신 선배들이 광고 회사에 들어가면 후배들을 끌어주면서 인턴이나 취업의 기회가 생기기도 해요. 그래서 동아리 출신들이 광고 회사에 취업하거나 제작자가 되고 난 후에도 서로 연결 고리가 많은 것 같더라고요. 동아리 내에서 자기들끼리 경쟁도 하고, 모여서 브랜드나 제품을 놓고 서로 아이데이션Ideation 회의를 하기도 하는 등 커뮤니티 활동의 장점이 분명히 있는 것 같아요.

편) 광고 대행사나 제작사에서 신입을 많이 뽑나요?

김) 예전보다 많이 줄었어요. 특히 제작 직군은 예전보다 확실히 많이 줄었죠. 올해만 해도 제작본부로 신입사원 아트디렉터 딱 한 명만 채용되어 배치되었더라고요. 매체가 다양해지고 경기가 예전만큼 좋지 않기 때문에, 광고주의 한정된 마케팅 예산을 TV, 인터넷, 모바일 등의 다양한 광고 소재로 제작하기 위해서는 그만큼 제작비용이 효율화 되어야 하죠. 제작팀 인력의 인건비 또한 제작비용의 일부이기 때문에, 그럴수록 제작팀의 규모가 점점 슬림화되고, 애자일Agile 해지면서 점점 신입 채용을 줄여가고 있긴 합니다.

편) 경력 있는 분들을 많이 채용할 것 같아요.

김) 광고 회사 입사가 그야말로 '좁은 문'이 되어가는 것 같아요. 저희 동료나 선배들도 우스갯소리로 지금 신입사원들이 입사하는 과정처럼 공부하고, 각종 스펙 쌓고, 시험 보고, 면접 치르고 했으면 우리는 아마 입사를 못 했을 거라는 이야기를 종종 합니다. 제일기획만 하더라도 연간 신입사원 채용 규모가 100여 명에 불과하고 입사 경쟁률은 100대 1을 넘나들고, 그중에서도 광고 제작 직군으로 배정되는 신입사원의 숫자는 더 적기도 하죠. 팀 조직이 작아지고, 팀원 각자의 역할과 업무 담당 범위가 확장되면서, 신입 채용보다는 경력 채용을 통해 바로바로 실전 업무 전력에 도움이 되는 추세로 가고 있습니다.

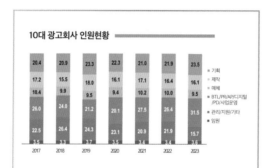

광고회사의 2022년 인원 변동 현황을 살펴보면, 2021년도 비해 인원이 큰 폭으로 증가한 곳은 FSN이 143명 증가하여 가장 많았으며, 더에스엠씨그룹, 제일기획, 이노션, 차이커뮤니케이션, HS애드 순으로 인원이 증가했다. 10대 광고회사의 인원현황을 보면 조사시점(2023년 2월) 6,248명으로 종사 분야별 인원 비중은 전년과 유사하나 상대적으로 BTL/PR/AP/디지털/PD/사업운영이 증가했다

10대 광고 회사 인원 현황

인력 채용현황 (신규채용인원 2022. 1. 1 - 2022. 12.31)

회사명	총 채용인원	신입/경력	신입	경력	남	여
BBDO KOREA	20	35:65	7	13	2	18
DIN	1	100:0	1	-	1	-
FSN	751	26:74	195	556	249	502
HS애드	123	15:85	18	105	41	82
Mediabrands Korea (유니버설맥켄코리아)	27	22:78	6	21	8	19
TBWA KOREA	70	31:69	22	48	25	45
그룹온스터&지앤엠퍼포먼스	121	31:69	38	83	51	70
그룹엠 코리아	57	35:65	20	37	10	47
농심기획	13	15:85	2	11	5	8
뉴데이즈	2	100:0	2	-	-	2
대홍기획	76	22:78	17	59	28	48
디에스엠씨그룹	192	75:25	144	48	58	134
덴츠인터내셔날코리아	56	30:70	17	39	26	30
도브투랜킷	6	33:67	2	4	3	3
드왐인사이트	62	61:39	38	24	19	43
디베이스앤	75	51:49	38	37	28	47
디플렌트	75	13:87	10	65	32	43
디지털트리니티	58	40:60	23	35	22	36
디트라이브	14	64:36	9	5	1	13
랜랩	2	0:100	2	-	-	2
레드커뮤니케이션즈	8	88:13	7	1	3	5
레오버넷	81	15:85	12	69	26	55
메이트인디펜던스	16	19:81	3	13	9	7
미쓰윤	10	60:40	6	4	4	6
베리모먼트	3	33:67	1	2	1	2
밸커뮤니케이션즈	5	0:100	-	5	4	1
비온드마케팅그룹	20	80:20	16	4	1	19
빅밴드앤코	25	12:88	3	22	13	12
빅픽처팀	62	47:53	29	33	31	31
스튜디오울	20	40:60	8	12	7	13
스프링앤슬라워	12	33:67	4	8	3	9
아하커뮤니케이션즈	1	0:100	-	1	1	-
애드리치	8	25:75	2	6	4	4
애드일	1	0:100	-	1	1	-
애드파워	5	20:80	1	4	2	3
SM C&C	48	19:81	9	39	17	31
에코마케팅	86	90:10	77	9	16	70
엘베스트	9	0:100	-	9	7	2
엠얼라이언스 (구. 맥켄에릭슨)	21	43:57	9	12	6	15
엠허브	16	25:75	4	12	4	12
오십일퍼센트	1	0:100	-	1	-	1
웰콤퍼블리시스월드와이드	15	7:93	1	14	2	13
위더스애드	44	14:86	6	38	16	28
유니기획	1	100:0	1	-	-	1
이너스커뮤니티	6	67:33	4	2	2	4
이노션	214	18:82	38	176	81	133
이루다크리에이티브	17	24:76	4	13	9	8
일그룹	10	80:20	8	2	3	7
제일기획	182	-	-	-	61	121
차이커뮤니케이션	163	52:48	84	79	46	117
케이비씨씨	1	0:100	-	1	1	-
코마스인터랙티브	33	-	-	-	9	24
크리에이티비전	5	80:20	4	1	1	4
키스톤마케팅컴퍼니	18	39:61	7	11	4	14
타이타늄22	15	27:73	4	11	5	10
펜타브리드	50	26:74	13	37	30	20
펜타클	24	50:50	12	12	9	15
프리미앙	15	13:87	2	13	8	7
플레이디	113	42:58	47	66	40	73
하나데이아이엠씨	20	45:55	9	11	3	17
하쿠호도제일	23	9:91	2	21	11	12
한컴	18	0:100	-	18	8	10
행동유발	1	0:100	-	1	1	-

출처: AD-Z 광고계동향 2023 3/4월호
Vol. 341 / 한국광고총연합회

청소년들이 어떤 과목을 공부하는 게 도움이 될까요?

㉠ 이 책을 읽는 청소년들이 어떤 과목을 공부하는 게 도움이 될까요?

㉢ 앞에서 전공이 크게 중요하진 않다고 말씀을 드렸는데요. 다만 아트디렉터나 영상 비주얼을 담당하는 제작 직군으로 가고 싶다면, 디자인 관련 학과나 미술 관련, 혹은 디지털 영상 미디어나 광고 홍보, 콘텐츠 관련 학과, 영상 편집, 광고 사진, 혹은 애니메이션 학과 중심으로 진학을 목표로 공부하는 게 도움이 될 것 같아요.

카피라이터 경우에는 언어나 텍스트를 담당하는 쪽이니까 국어국문학과, 영문학과, 혹은 광고홍보학과, 신문방송학과, 마케팅이나 경영학과 출신들도 많아요. 전공보다 중요한 것은 우선 광고에 계속 관심을 두고, 인문학적 소양을 키우고, 그것을 광고 아이디어나 카피로 어떻게 풀어낼지 노력하는 거예요. 사실 카피라이팅 능력은 학교에서 배운다고 되는 게 아니라 아이디어를 발상하고, 표현하는 것을 계속 훈련하면서 자신만의 화법이나 문법 등을 스스로 완성해가는 과정을 통해 길러지는 게 중요한 거 같아요.

청소년 시기에 어떤 부분을 함양하면 좋을까요?

편 청소년 시기에 어떤 부분을 함양하면 좋을까요?

김 지금 청소년들이 미래에 크리에이터로서 일하게 될 시점에는 지금보다 훨씬 더 자연스럽고 당연하게 전 세계 글로벌 크리에이터들과 뛰어난 광고 캠페인을 만들어내기 위해 경쟁하고 협업하겠죠. 영어나 외국어를 열심히 공부하라는 당연하고 고지식한 말을 하기보다는 글로벌 트렌드나 해외의 문화, 소통 방식, 글로벌 이슈 등에 대해서 꾸준히 관심을 가지고, 소위 말하는 글로벌 감각을 키우기 위해 노력하면 좋을 것 같아요.

Cannes Lions나 NewYork Festival 같은 권위 있는 해외 유명 광고제에서 매년 전 세계에서 출품된 광고 캠페인을 심사하고 상을 주는데요. 대한민국의 많은 광고제작자도 그런 광고제의 심사위원으로 위촉되어 활약하고 있습니다. 그분들의 이야기를 들어보면, 심사 과정에서 심사위원들끼리 수상작 선정을 위해 밤새 열띤 토론이 벌어지는데, 종종 글로벌 트렌드나 문화가 동양 문화나 대한민국의 정서와는 달라, 다른 모든 심사위원이 좋아하는 작품들이 잘 이해가 되지 않는 경우들이 생긴다고 해요.

이제는 K 콘텐츠, K-pop 등 당연히 저희 문화가 전 세계적으로 트렌드를 주도하고 있죠. 동, 서양 문화 어느 쪽이 더 우위가 있다는 이야기가 아니라, 앞으로 청소년들이 글로벌 무대에서 그들과 동등한 위치에서 창조적인 콘텐츠나 아이디어로 경쟁을 펼쳐나가기 위해선, 지금부터 글로벌 소양을 함양하는 데 노력을 기울이면 좋을 것 같다고 생각해요.

Cannes Lions 광고제 현장

광고에 대한 재능은 어떻게 키울 수 있을까요?

(편) 광고에 대한 재능은 어떻게 키울 수 있을까요? 광고 콘텐츠를 개발하고 제작하려면 어떤 노력을 해야 할까요?

(김) 사실 광고 콘텐츠의 종류가 다양해졌지만, 시작도 끝도 아이디어이고, 크리에이티브예요. 제일 중요한 것은 발상이거든요. 발상이 새로워야만 해요. 그 기본이 되지 않으면 최종적으로 만들어지는 콘텐츠도 재미가 없고 사람들의 이목을 집중시키기 어려워요. 그래서 발상 능력을 키우는 게 중요하죠. 내가 생각하는 아이디어가 얼마나 기발한지, 그리고 얼마나 명확하고 간결하게 사람들에게 핵심적인 메시지를 전달할 수 있는지 스스로 짚어보는 훈련이 필요합니다.

처음에는 학생들이 아이디어를 낼 때, 하고 싶은 이야기도 많고, 설명하고 싶은 것들도 많아서 간결하게 표현하기 어려울 거예요. 그런데 아이디어를 점점 간결하게 핵심적으로 만들기 위해 노력하다 보면, 무릎을 탁! 칠 만큼 간결하게 한 문장으로 딱 표현할 수 있게 될 거예요. 사실, 그 정도로 잘 짜인 핵심 아이디어가 나오려면 질문이 무엇인지 먼저 알아야 해요. 문제가 파악되어야 솔루션을 찾을 수 있거든요. 솔루션이 곧 아이디어인데, 그 아이디어를 핵심 메시지가 잘 전달되도록 간결하게, 거기에 창의성을 더해서 어떤 방식으로 표현할 것인가가 중요합니다. 이러한 훈련 과정이 모든 크리에이티브 광고 창작 능력을 키울 수 있는 과정의 포인트라고 생각해요. 우선은 문제를 파악하고 핵심 아이디어를 간결하게 만드는 데 집중하면 좋을 것 같아요.

편 학생들은 구체적으로 어떻게 연습하면 좋을까요?

김 외국 제작팀의 사례인데요. 어떤 광고 아이디어를 낼 때 팀원들에게 A4 한 장에 머릿속에 생각하는 것들을 모두 다 적으라고 한대요. 그리고 다음 회의 때까지 그 내용을 반으로 줄여서 오라고 하고, 그다음 회의 때까지 또 반으로 줄이고, 마지막 회의 때는 딱 한 문장으로 만들어 오라고 한대요. 그럼 불필요한 것들은 걷어내고 아이디어의 본질인 핵심만 남게 되는 거죠.

광고 제작 능력, 크리에이티브에 대한 능력치를 키우기 위해서는 물론 여러 가지 인문학적인 소양을 쌓는 것도 중요하고, 다양한 영감을 받는 것도 중요합니다. 여러 창작자나 제작자들이 사람들한테 말하고 싶은 것은 참 많아요. 그래서 본질이 가려지는 경우도 종종 있죠. 본질을 더 명확하게 전달하고 아이디어의 핵심에 도달하게 하는 것이 중요하다는 생각이 들어요. 그래서 학생들도 어떤 아이디어나 발상을 할 때, 본질과 핵심에 도달하는 노력을 꾸준히 하는 게 좋을 것 같아요. 그게 크리에이티브의 시작이라는 생각이 듭니다.

광고제작자가 되면
일어나는 일들

광고제작자로서 노력해야 하는 것들은 무엇일까요?

(편) 광고제작자로서 노력해야 하는 것들은 무엇일까요?

(김) 회의가 많다고 말씀드렸는데요. 광고 제작 회의는 말 그대로 전쟁터예요. 개성 넘치고 자기주장 강한 사람들이 모이죠. 심지어 며칠 동안 밤잠 설쳐가며 고민하고 본인들이 느끼기에 최고라고 생각하는 아이디어를 준비해서 서로 채택되기 위해 경쟁하는 치열한 시간이에요. 가끔 언성이 높아질 때도 있지만, 어쨌든 하나의 의견으로 모이는 과정이죠. 개성이 강하고 뾰족뾰족한 사람들이고, 그만큼 아이디어는 다르지만 모두 우리가 가야 할 방향이 어딘지를 분명하게 알고 있어요. 정확하게 같은 목표를 갖고 있죠. 그래서 쉽지 않은 과정을 거치지만, 서로 존중하는 협업의 과정을 통해서 하나의 결과물을 만들어낼 수 있는 거예요. 목표 지점이 다르다면 전혀 조화가 이루어지지 않겠죠.

하지만, 같은 목표를 갖고 있기 때문에 회의를 통해서 더 큰 상승효과가 나는 것 같아요. 만약에 학생들이 광고 제작을 하게 된다면 여러 사람과 일하게 될 텐데요, 처음 시작 시점에 다 함께 큰 방향성과 목표를 공유하고, 그 목표가 서로 공감이 되지 않는다면 치열한 회의를 통해 같은 목표를 바라보도록 노력을 기울여야 하고, 그 공감이 이루어진 다음에 각자 개성 넘치고 톡톡 튀는 아이디어를 개발하는 게 좋다고 생각해요.

항상 조심하고 주의하는 것들이 있나요?

(편) 광고제작자로서 항상 조심하고 주의하는 것들이 있나요?

(김) 항상 고민해요. 이제껏 보지 못했던 독창적인 게 없을까? 여러 가지 자료들을 보죠. 하늘 아래 새로운 건 없다고 하잖아요. 여러 가지 영상 자료, 드라마, 영화, 심지어 다른 곳에서 제작한 광고들을 많이 보다 보면, 우리가 하려는 광고와 톤 앤 매너Tone and Manners나 방향성이 비슷하고, 이미지가 좋다고 생각하면서 참고하다가 자신도 모르게 자칫 카피하게 되는 경우가 있어요. 이건 매우 심각한 문제거든요.

기존에 만들어진 창작물이 우리 광고와 맞아서 쓰고 싶다면 미리 창작자에게 허락을 받고, 정당하게 저작권에 대한 비용을 지불하고, 오마주Hommage 같은 방식을 통해서 사용해야 해요. 이러한 사례가 일어나지 않도록 하는 보호 조치로 저희 회사도 법무팀이 있고, 심의 기관도 있어서 여러 가지 검토를 거치지만, 그래도 카피에 걸리는 경우가 종종 있거든요. 광고제작자에게 모방이나 카피의 사례는 항상 조심해야 하는 이슈예요.

프로덕션이 직접 광고를 기획하기도 하나요?

(편) 앞에서 프로덕션에 대해 말씀해 주셨는데요. 프로덕션에 CF감독도 있고 영상작업도 한다면, 직접 광고를 기획하거나 수주하기도 하나요?

(김) 일반적으로 CF감독이 직접 광고 기획을 하진 않아요. 광고 대행사에서 기획된 광고를 의뢰받아 그 광고의 실제 촬영과 영상, 콘텐츠화 작업을 CF감독이 있는 프로덕션에서 하는 거죠. 광고 제작의 한 부분입니다. 저는 기획자에 더 가까운 제작자고요. 학생 중에는 CF감독을 하고 싶은 경우도 있고, 실제 촬영이나 편집, 혹은 후반 작업, CG나 3D 그래픽 작업 같은 것들이 더 재미있고, 적성에 맞는 사람들도 있을 거예요. 그것도 분명 광고의 한 영역이에요. 말씀드린 대로, 광고 대행사의 기획, 전략부터 제작팀, CF감독과 프로덕션, 포스트 프로덕션 등이 전체가 다 모여야 하나의 광고가 완성되니까요.

광고 제작비용은 보통 어떻게 되나요?

(편) 광고 제작비용은 보통 어떻게 되나요?

(김) 어떤 광고를 만드느냐에 따라 천차만별이에요. 어떤 제품 이냐, 그리고 광고주가 제작비로 할당한 예산이 얼마냐에 따라서 달라지고요. 또 아이디어에 따라 광고 모델이 누구냐에 따라서도 비용이 크게 달라져요. 스타급 모델이 나오면 모델료만 해도 어마어마하거든요. 3개월에 수십억 원을 주는 경우도 있어요. 그게 다 제작비에 포함됩니다. 그리고 제작비에 큰 비중을 차지하는 게 음악이에요. 음악은 저작권료를 지불하거든요. 그래서 사람들 누구나 다 아는 유명한 음악인 경우는 저작권료만 몇십억이 들어갈 수도 있어요. 거기에 CG나 3D 같은 후반 작업에 들어가는 비용도 모두 제작비에 포함되고요. 그래서 유명 모델이 안 나오고, 유명한 음악이 없는 경우에 15초짜리 한 편을 만들면 2억 원 전후의 순수 제작비가 들어가는 것 같아요. 거기에 별도의 대행사 수수료가 있고, 매체 비용이 또 따로 있습니다.

광고제작자로서 숙련되는 건 얼마나 걸릴까요?

(편) 광고제작자로서 숙련되는 건 얼마나 걸릴까요?

(김) 저는 아직도 저 자신이 제대로 숙련됐는지 잘 모르겠어요. 그런데 요새 신입사원들을 보면 제가 공채로 들어왔을 때와는 다르게 다들 처음부터 잘해요. 어떤 프로그램이나 툴을 잘 다루는 기술이 좋다는 게 아니라, 발상이나 아이디어 면에서 대리나 차장급처럼 어느 정도 완성되게 꾸려서 가져오더라고요. '어떻게 신입사원 연차에 이 정도로 아이디어를 꾸려서 갖고 오지?', '잘하고 기특하다'는 생각도 들지만, 또 반면에 신입사원들에게 기대하는 부분들이 있잖아요. 전문가처럼 다듬어져 있지 않고 엉뚱하더라도, 더 신선한 것들을 바라기도 해요. 너무 숙련된 것처럼 정리된 아이디어들을 가져오면, 조금 아쉬울 때도 있어요.

아무것도 모르는 상태에서 숙련이 될 때까지는 보통 3~4년 정도 걸리는 것 같아요. 예전에는 선배들이 멘토가 되어 신입사원이 3~4년 차 될 때까지는 하나부터 열까지 다 알려줬거든요. 섬네일Thumbnail이라고 해서 네모 칸 안에 그림을 그리는 방법부터, 카피라이터는 카피를 어떻게 쓰는지 선배들이 붙잡고

썸네일

알려주는 과정들이 있었는데, 이제 그런 것들은 사라지는 것
같아요.

광고 제작팀은 인원이 어떻게 구성되어 있나요?

편) 광고 제작팀은 인원이 어떻게 구성되어 있나요?

김) 예전에는 한 개의 제작팀에 일곱 명에서 여덟 명이 있었어요. CD 밑에 아트디렉터 세 명, 카피라이터 세 명 이런 식이었죠. TV 광고 전성기 때는 제작비가 많으니까 투입되는 인원이 많아도 부담이 없었거든요. 인건비도 모두 제작비에 포함되니까요. 그런데 갈수록 미디어 환경이 변화하면서 광고도 다양하게 변하잖아요. 디지털 광고나 TV 광고보다 제작비가 낮게 책정된 여러 형태의 광고를 만들어야 하는데, 그때마다 많은 인력과 시간을 들여서 만들 수가 없어요. 그래서 점점 애자일 조직이라고 하죠. 제작팀이 간소화되는 경향이 있어요. 지금은 CD 한 명에 아트디렉터 한 명, 카피라이터 한 명 해서 서너 명으로 한 팀이 운영되는 게 일반적이에요. 그렇기 때문에 한 명 한 명이 각자의 역할을 해주지 않으면 다양하게 많은 일들을 다 처리할 수가 없어요. 그래서 신입이더라도 숙련돼서 온 친구들을 선호하고, 아니면 바로 업무에 투입할 수 있도록 신입보다는 경력직을 많이 채용하는 편입니다.

㉠ 수입은 어떻게 되나요?

㉢ 저희는 연봉제입니다. 개인 연봉은 대외비여서 공개할 수
없지만, 광고 대행사 신입사원 초봉은 보통 4~5천만 원 내외
에서 시작하는 것으로 알고 있어요. 매년 업무 성과를 바탕으
로 개인별로 연봉 협상 과정을 통해, 직급과 연차에 따라 모두
가 다른 연봉을 받게 됩니다.

㉠ 성과급은 따로 없나요?

㉢ 말씀드린 대로 1년마다 업무 성과를 판단하여 인사 고과
평가를 통해 성과급을 받습니다. 그리고 중요한 경쟁 PT나 신
규 광고주 등을 영입하게 되면 개발 격려금이 지급되고, 해외
광고제 등에서 수상을 하게 되면 그에 따른 포상금 등도 주어
지죠.

㉠ 그럼, 대기업 연봉과 거의 비슷한 건가요?

㉢ 네. 저희는 삼성 계열사이기 때문에 대기업 연봉 수준이
라고 보면 될 것 같아요. 광고 대행사 중에서도 이노션, HSAD

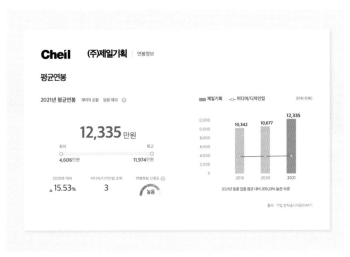

제일기획 평균 연봉

등과 같은 대기업 계열의 광고 대행사들은 저희와 비슷한 연봉 수준이 책정되어 있을 것이고, 그렇지 않은 독립 대행사들은 그보다 약간 낮은 수준에서 연봉이 책정되어 있습니다.

㉠ 휴가나 복지 제도는 어떤가요?

㉢ 저희 회사는 대기업이라 복지 제도가 잘 되어 있어요. 연차가 쌓일수록 휴가가 1~2일씩 늘어나죠. 저는 1년에 19~20일 정도 됩니다. 복지 제도로는 4대 보험, 매년 건강 검진, 가족 의료비 지원, 자기 계발 지원 등이 있고, 삼성 계열사니까 캐리비안베이나 삼성 연계 휴양지 콘도 예약에 우선권 등도 주어

출처: https://www.samsungcareers.com

집니다.

㉠ 정년과 노후 대책은 보통 어떻게 되나요?

㉢ 사실 저희 회사는 대기업이어서 정년은 있는데요. 광고 제작하는 사람들이 정년을 다 채우진 않는 것 같아요. 그리고 광고의 주 소비 계층이 30~40대 정도이기 때문에 광고주 쪽에서 너무 나이가 있거나 노후해 보이는 크리에이터를 사실 원하지 않아요. 점점 더 어린 CD나 MZ 세대의 크리에이터를 선호하죠. 창작과 아이디어 기반으로 하는 일이라서 더 그런 것 같아요. 그러니까 정년이 보장되어 있지만, 굳이 채우려고 하는 크리에이터들은 많이 없어요. 광고 제작 직군 같은 경우에는 아이디어로 먹고사는 사람들이잖아요. 생각과 발상만 할 수 있으면 어디에서든 일을 할 수 있기 때문에, 나가서 아이디어를 내는 기획실이나 광고 업체를 한다든지, 혹은 외부 프로덕션으로 나가서 감독을 하는 경우도 있어요. 보통은 관련 업종으로 이직하는 경우가 많은 것 같아요.

편 광고 제작과 광고제작자 직업은 앞으로 우리 사회에서 어떤 의미가 될까요?

김 올해 프랑스 칸에서 열린 광고제(19~23일)에서 저희 회사가 글라스 부문 최고 상인 그랑프리상을 받았어요. 글라스 부문은 전 세계적으로 사회 이슈인 양성평등에 기여한 캠페인을 평가하는 분야예요. 수상작은 '똑똑 캠페인'으로 가정 폭력, 데이트 폭력, 아동학대 피해자가 가해자와 같은 공간에 있는 경우가 많아 경찰 신고에 어려움이 있다는 점을 고려했어요. 신고자가 112에 전화를 건 뒤 스마트폰의 아무 숫자나 두 번 연속 눌러 말하기 힘든 상황임을 알리면, 경찰은 이렇게 접수된 신고에 대해 '보이는 112' 접속 링크를 발송해 즉각적인 초동 조처를 할 수 있게 한 캠페인이에요. 신고자가 말로 하지 않고, 화면 속 버튼을 누르기만 하면, 경찰이 현장에 출동하는 방식인 거죠. 글라스 부문 심사위원단은 '똑똑 캠페인은 사회적 문제를 실제로 해결한 실용적인 아이디어'라며 '언어가 다른 국가에서도 확장할 수 있는 아이디어인 점을 높이 평가했다'라고 해요.

그리고 올해 칸 광고제에서 상을 받은 우리나라의 대홍기획 제작팀에서는 '기후 위기에 대응하기 위한 미디어 전략을 제시하라'는 과제에 '더 로어, 더 베터The Lower, The Better' 기획안을 제출했어요. 기획안에는 온라인 동영상 서비스(OTT) 플랫폼 이용 시, 저화질로 영상 콘텐츠를 시청하자는 메시지를 담았고, 일반 화질로 영상을 재생하면 초고화질 영상 대비 탄소 배출량을 줄일 수 있다는 데서 아이디어를 착안했다고 합니다.

광고 사회문제 해결 기사
출처: www.hankyung.com/article/2023062652191

이렇듯 광고 제작은 단순히 제품과 브랜드를 알리고 판매를 증진하기 위한 목적으로, TV 광고나 신문광고의 전통적인 방식으로 제작되어 소비자에게 전달되기 위한 창의적인 활동의 범주를 이미 벗어났습니다. 전 세계 크리에이터들은 창의적인 능력과 아이디어들을 모아 지속 가능한 발전을 도모하고, 세상과 사람들에게 이로운 캠페인 광고를 전달하기 위해 큰 노력을 기울이고 있어요. 크리에이티브를 통해 세상을 변화시키는 일. 광고 제작이 가진 큰 의미 중에 하나라고 생각합니다.

광고제작자의
V-Log

제작 과정

프로젝트가 시작되면 고민이 시작됩니다. 그야말로 저 자신과의 싸움입니다. 책상 위에 놓인 아이디어 노트를 물끄러미 바라보지만, 아이디어는 떠오르지 않습니다.

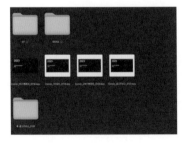

그렇게 떠오르는 아이디어들을 메모하거나 스케치하면서 구체화해 나갑니다. 그렇게 제작팀과 광고 제작물을 구체화하고, 기획팀과 광고 콘셉트 방향을 조율하는 등 회의를 여러 차례 거쳐, 광고주 보고를 합니다.

다행히, 광고주가 맘에 들어 합니다. 광고주가 선택한 광고안 콘티네요.

자, 이제 기획 단계에서 결정된 콘티를 실제로 촬영하여 영상 광고물의 형태로 제작하기 위해 프로덕션 스태프들이 구성되고 모입니다.

광고 촬영 스태프

CD와 PD(프로듀서), 조감독 등 최소의 스태프가 모여, 로케이션 매니저가 섭외해 놓은 실제 촬영이 이루어질 장소를 사전 답사하며, 문제점은 없는지 체크합니다.

PD와 모니터 체크

로케이션 사전 답사

현장 로케이션 상황에 맞게 콘티 수정

현장 상황에 맞춰, 콘티를 즉흥적으로 수정하거나 보완해야 하는 경우도 생깁니다.

이런 사전 과정을 거친 후, 본격적인 촬영에 들어갑니다. 광고 영상의 전체 연출을 맡은 CF감독님과 DOP^{Director of Photography} 카메라 감독님이 콘티에 있는 장면을 어떻게 더 임팩트 있게 화면으로 담아낼 수 있을지 고민하고 있네요.

CF감독+촬영감독

CF감독님의 디렉션에 따라
조명 스태프들이 조명을 세팅합니다.

조명 스태프

조명 장비들이 참 다양하게 많네요. 무게도 많이 나가서 스태프분들이 항상 고생을 많이 하십니다.

조명 장비들

조명 스태프

조명은 영상 광고뿐만 아니라, 영화나 기타 콘텐츠 제작 시에도
비주얼 요소로서 대단히 중요한 부분입니다.
조명의 차이로 광고의 분위기나 감정, 콘셉트 등을
한순간에 변화 시킬 수 있는 큰 힘이 있습니다.

조명 연출

저는 그런 요소요소들이 모두 중요하다는 걸 알기 때문에
촬영이 세팅될 때까지 잠자코 기다립니다.
로케이션이 사막이라 참 햇살이 뜨겁군요...

촬영팀에서는 자동차 주행 촬영을 위해서 특수한 장비를 준비했습니다. 바로 '러시안 암'이라고 불리는 장비인데요. 자동차 위에, 거대한 암(팔)을 달아서 그 끝에 360도로 자유롭게 회전할 수 있도록 카메라를 설치하여 달리는 자동차를 더욱 역동적으로 촬영할 수 있는 장비예요. 러시아 출신의 카메라 촬영기사가 처음 고안해 내서 이름이 '러시안 암'이라고 불리게 되었다고 해요.

카메라 장비 러시안 암

카메라 장비 러시안 암 촬영 장면

항공 촬영

드문 경우지만, 헬기에서 헬기를 찍어야 하는 항공 촬영이 있을 때도 있죠. 모델도 설레는가 봅니다.

항공 촬영

세트 촬영장

현실에 없는 공간을 구현하거나,

촬영 장비, 조명 세팅 등을 수월하게 하기 위해서

스튜디오 촬영을 하는 경우도 많이 생깁니다.

세트 아트 결과물

세트 아트

세트아트팀

그럴 때는 프로덕션 세트아트팀과 많은 회의 과정을 통해,

광고 제작물의 퀄리티가 최대한 높아질 수 있도록 다양한 방법을 논의해야 해요.

이렇게 여러 스태프가 공들여서 찍은 광고 영상 원본은 편집 과정과 색보정, 합성 작업, 사운드 녹음 등 여러 후반 작업을 거치게 됩니다.

광고 후반 작업

광고 현장 동시녹음

광고 후반 작업, 색보정

이런 과정을 거치고 나서야 마침내,

TV 광고로 여러분을 만나게 됩니다.

처음 기획 단계의 콘티랑 한 번 비교해 보세요.

이렇게 누군가의 아이디어가 실제 광고 영상으로 제작,

구현하기 위해서는 많은 제작 전문가의 협업

과정과 노력이 필요합니다.

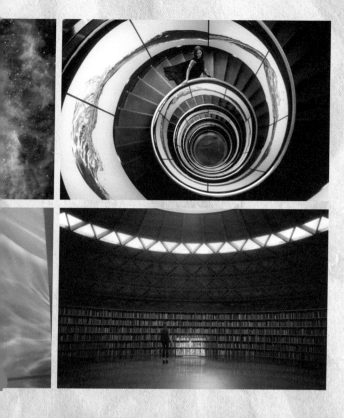

콘티와 실제 영상 차이

전략적 크리에이터
광고 제작자

광고 제작물은 제작 과정에서 필요에 따라 무에서 유를 창조해 내거나, 때로는 원래의 것을 아예 다른 것으로 바꾸기도 합니다. 인쇄 광고를 위해, 포토그래퍼가 촬영한 원본 소스에 합성 및 보정의 후반 리터칭 과정을 통해 빈 하늘에 거대한 핸드폰과 나비를 넣어 임팩트 있고 크리에이티브한 제작물로 완성시키거나, 아예 현실 세계가 아닌 다른 차원의 공간을 만들어 내기도 합니다.

TV 광고의 콘셉트인 '차원이 다른 서비스'를 표현하기 위해, 메인 모델을 크로마 키로 촬영하고 모델이 있는 공간을 모두 3D로 구현하여 후반 작업으로 합성했습니다.

촬영 여건상, 대한민국을 외국의 어느 곳처럼 꾸며서 광고를 제작하는 경우도 간혹 생기게 됩니다. 해외로 나가서 촬영할 시간이 부족하거나 제작비 등의 여유가 없을 때 이러한 방식으로 광고 제작이 이루어지기도 합니다. 대한민국 모처의 숲에 외국인 모델들을 섭외해서 촬영하여, 마치 외국 어딘가의 숲속에서 캠핑을 하는 듯한 장면을 연출했습니다.

모델에게 시선이 집중되는 핀 조명을 표현하기 위해,

모델 주변을 아예 어둡게 만들어 버리거나,

구글 플레이 <코드 퀘스트> 캠페인

엄청난 혜택을 표현하기 위해 수많은 포인트와 아이템이 떨어지도록
3D 합성을 했습니다.

광고 제작의 영역은 날이 갈수록 확장되어 이제는 단순히 TV 광고, 인쇄 광고를 만드는 것을 넘어, 브랜드와 소비자가 직접 만날 수 있도록 체험존이나 팝업스토어 등을 기획하고 구성하는 영역까지 확장되어 가는 추세입니다.

<디아블로 4> 헬 스테이션
디아블로의 게임 디렉터 조 셜리와 함께

<디아블로 4> 론칭 캠페인의 일환으로 영등포시장역 폐승강장을 지옥으로 둔갑시킨 Hell Station, 그리고 게임 유저들에게 인기 있는 각종 굿즈나 한정판 피규어 제품들, 콜라보 제품 등을 통해 <디아블로 4>의 기대감과 팬덤을 증폭시킨 더현대 백화점의 팝업스토어입니다.

<디아블로 4> 더현대백화점 팝업스토어

이렇게 다양한 영역으로 광고 제작의 범위가 확장되면서,

광고를 만드는 제작팀은 야근과 밤샘도 불사하며,

바쁘고 피곤한 일상을 보냅니다. 사진에 저와 팀원들의 고된 모습이

고스란히 보이시죠? ㅎ

그동안 보지 못한 장면들을 광고에 담아내기 위해 새로운 로케이션이나 해외의 가보지 못했던 곳에 가서 촬영을 진행할 때면, 힘들기도 하지만, 이런 다양한 경험을 해볼 수 있다는 점에 광고제작자가 된 것이 참 즐겁고 보람이 느껴집니다.

전략적 크리에이터
광고 제작자

김종민의 노트

매년 여름, 프랑스 Cannes에서는 여러분들이 잘 아는 Cannes 영화제가 끝난 후에 바로, 전 세계 광고인들을 위한 크리에이티브 광고제인 Cannes Lions가 개최됩니다. 광고제로서는 전 세계에서 가장 권위 있고 유명한 축제여서, 여전히 대한민국 광고 크리에이티브가 Cannes에서 본상을 받기란 쉬운 일이 아니지만, 그래도 뛰어난 많은 크리에이터, 제작자들이 해가 갈수록 글로벌한 아이디어와 창의력으로 성과를 내고 있습니다.

Cannes Lions 광고제 참관

저희, 대한민국에서도 ADStars라는 글로벌 광고
제가 매년 열리고 있어, 전 세계 많은 크리에이터
들이 광고작을 출품하고 있습니다.

ADSTARS 시상식

ADSTARS 심사위원

저도 여러 광고제에서 꾸준히 수상
하여, 이제는 여러 광고 제작자들의
출품작을 심사하는 심사위원
자격으로도 역할을 하고 있습니다.

Korea Creative 랭킹

뉴욕광고제 수상 상장

YouTube Works Awards 심사위원

전략적 크리에이터
광고 제작자

광고제작자 김종민의
스토리

ⓔ 광고제작자가 된 계기가 있나요?

ⓚ 시작은 TBWA KOREA라는 광고 회사에 공채로 입사하게
됐고, 그때 당시 조익명 CD님 팀에 들어갔는데요. 그 팀에서
SK텔레콤의 〈사람을 향합니다〉, SKY 〈It's Different〉처럼 유명
한 광고 캠페인을 많이 하고 있었어요. 제가 TV를 보면서 좋아

TBWA Korea 시절, 광고 촬영장

TBWA Korea 시절, 광고 제작물 SK텔레콤 <T>

전략적 크리에이터
광고 제작자

하고, 사람들이 많이 알고 있는 캠페인을 모두 한 팀에서 진행하고 있었죠. 정말 운이 좋게 그 팀에 들어가게 된 거예요. 제가 신입사원이었기 때문에 크게 도움이 된 건 없었겠지만, 옆에서 선배님들 아이디어 내는 거나 작업하는 걸 보면서 영감을 얻고, 많이 배웠어요. 그렇게 광고 제작에 처음 아트디렉터로서 역할을 하게 된 작품이 SK텔레콤의 〈사람을 향합니다〉 캠페인이었어요.

요즘 학생들은 잘 모를 텐데요. 영상이 아닌 흑백 스틸 이미지가 한 컷씩 나오면서 마지막에 심금을 울리는 카피 한 줄이 나왔죠. 그리고 -사람을 향합니다, SK텔레콤- 이렇게 마무리되는 광고 캠페인이었는데요. 당시에는 비틀스의 〈Let it be〉 음악만 흘러나와도 사람들이 이 광고 캠페인을 떠올리며 눈시울을 붉힐 만큼 감동적이었어요. 저는 '한 줄의 카피가 광고를 이렇게 다르게 만들어낼 수 있구나', '흑백 사진을 광고 콘텐츠로 이렇게 매력 있게 표현할 수 있구나' 일하면서 보고 느끼는 것이 하나하나 다 놀랍고 새로운 경험을 배울 수 있었던 캠페인이었어요.

편) 공채 준비를 계속하셨나요?

김) 저는 대학교를 졸업하고 미국으로 유학을 갔어요. 프랫

Pratt 유학 시절

Pratt 대학원에서 커뮤니케이션 디자인을 전공했는데요. 대학원 학과 과정 중 마지막 학기에 미국 현지에 있는 회사와 연계가 돼서 인턴을 할 수 있는 기회가 있었고, AD Lubow라는 맨해튼에 위치한 작은 광고 회사에서 6개월 정도 인턴을 했어요. 그 인턴 경력을 발판으로 미국에서 취직을 준비하던 중에, 한국의 TBWA라는 광고 회사에서 자리가 났다고 인터뷰를 보라고 연락을 받게 되어 예정에 없이 급하게 한국에 들어오게 되었죠. 그렇게 면접을 보고 바로 합격이 결정되고, 상무님이 바로 출근하면 좋겠다고 하셔서 미국에 남겨놓은 집과 짐들을

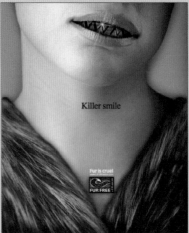

Pratt 유학 시절 작품

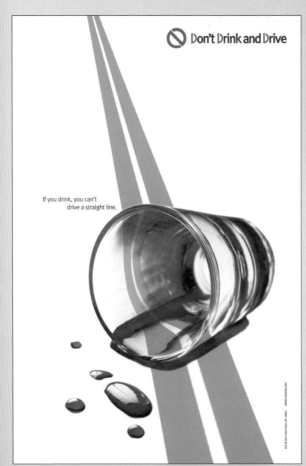

Pratt 유학 시절 작품 발표

Don't Drink and Drive

If you drink, you can't drive safely.

Drink and Drive

Don't Drink and Drive

Pratt 유학 시절 논문 발표

정리할 틈도 없이 한국의 광고 회사에서 일하게 됐어요.

㉠ 미대 진학을 한 후에 언제 진로를 광고로 정하신 거예요?

㉢ 어린 시절부터 광고 보는 걸 좋아했어요. 만화나 영화 보는 것처럼 광고 보는 게 재미있더라고요. 그런데 광고를 어떻게 해야 하는지 방법은 몰랐어요. 제가 직접 만들고 싶다는 개념도 없었고요. 중고등학교 시절에 막연하게 '저런 일을 하면 좋겠다.'는 생각만 했었죠. 그리고 제가 어릴 때부터 미술을 한 건 아니었어요. 그냥 만화와 낙서를 좋아하고 그림 그리는데 소질 있는 평범한 학생이었죠. 고3 때까지는 인문계로 일반 입시를 봤는데, 원하는 대학에 합격하지 못해서 재수를 하게 됐어요. 재수를 준비하면서 내가 좋아하는 걸 해보자고 마음을 먹고, 부모님과 상의한 후 입시 미술을 시작하면서 예체능계로 전공을 전향했죠.

㉠ 그럼 20살 때 미술을 처음 시작하신 거예요?

㉢ 네. 재수를 시작하고 입시 미술을 하면서 다시 공부해서 디자인과에 들어가게 됐죠.

㉠ 그게 그렇게 단기간에 되나요?

(김) 재밌고, 좋아하는 공부니까 잘 되더라고요. 그래서 시각 디자인학과에 들어갔는데, 적성에도 잘 맞았어요. 디자인 공부가 재미있었고, 비주얼이나 그래픽 디자인을 공부하다 보니 광고 만드는 직업인 아트디렉터로 갈 수 있는 길이 보이더라고요. 그래서 대학교 4학년 때 광고에 관심 있는 친구 몇몇이 모여 공모전도 내보고, 수상도 하면서 광고에 더 관심을 두기 시작했죠. 4학년 때는 제일기획 인턴도 했어요. 채용을 목적으로 하는 인턴제였는데, 그때는 떨어졌어요. 그래서 대학 졸업 후에 유학을 가서 대학원 공부를 마치고 TBWA라는 광고 회사에 들어가게 됐고, 이후에 경력을 쌓고 다시 제일기획에 경력직으로 들어오게 돼서 지금까지 제가 좋아하는 광고 제작 일을 하고 있습니다.

(편) 사람들이 CD님의 광고를 보고 어떤 말씀들을 해주시나요?

(김) 아까 말씀드린 것처럼 크리에이티브디렉터 중에 아트디렉터 출신도 있고, 카피라이터 출신도 있는데요. 나름의 특색이 분명하게 보이는 것 같아요. 저는 아무래도 디자인 전공자이다 보니까, 지인들이나 선배님들이 "비주얼로 메시지를 전달하는 광고를 잘하고, 시각적으로 임팩트 있게 보여주는 데

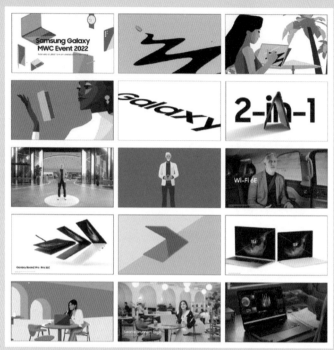

비쥬얼 중심 광고 제작물, 삼성전자 Galaxy MWC Event

비쥬얼 중심 광고 제작물, 삼성전자 Galaxy S21 FE

비쥬얼 중심 광고 제작물, 카카오 REDCEIPT

비쥬얼 중심 광고 제작물, 삼성전자 Galaxy Fold 5G

특화되어 있다."라는 말씀을 많이 해주세요. 디자인을 전공한 비주얼 전문가적인 특성이 저의 광고에 잘 드러난다고 하더라고요. 저도 키 비주얼을 통해서 임팩트 있게 크리에이티브를 전달하는 광고를 만드는 것을 더 좋아하기도 하고요. 물론 광고의 특성에 따라서 카피나 메시지로 풀어내는 좋은 광고들도 많고, 저도 그런 광고를 제작해야 하는 일도 있어요. 단지 저는 비주얼이나 시각적인 임팩트가 있는 광고를 더 잘 만들고, 그 제작 방식에 특화된 크리에이터인 것 같아요.

㉠ CD님의 성공 노하우가 있을 것 같은데요. 프로로서 이 자리에 있기까지 노하우가 있을까요?

㉡ 사실 너무 꼰대 같은 얘기일 수도 있는데요. 광고를 제작하는 모든 창작자는 쿨한 척하고 나이스해 보이려고 해요. 하지만 보이지 않는 곳에서 누구보다 많이 고민하고 진지하게 노력하죠. 그렇지 않으면 남들이 생각하지 못한 아이디어를 낼 수 없으니까요. 그렇게 고민한 아이디어를 남들 앞에서는 "그냥 오다가 주었어."라는 무심한 느낌으로 쿨한 척 툭 내밀어요. 그런데 사실은 엉덩이에서 크리에이티브가 나온다고 하거든요. 긴 시간 동안 앉아서 고민하는 만큼 좋은 아이디어가 나온다는 거예요. 회사, 집, 이동하는 길 위에서 고민하는 시간

이 아주 많아요.

특히나 경쟁 PT 같은 중요한 프로젝트를 맡게 되면 책임감일 수도 있지만 고민을 많이 하죠. 창조적이고 크리에이티브한 일을 한다고 해서 어느 순간에 뚝딱, 천재적으로 뭔가 떠오르는 건 아니거든요. 생각한 시간만큼 핵심 아이디어가 주어지고, 저 또한 고민한 시간에 비례해서 결과물이 나왔다고 생각해요. 그게 큰 성공까지는 아니지만, 이제껏 광고 생활이나 직장 생활을 유지할 수 있었던 원동력이 된 것 같아요.

편 대중과 클라이언트의 눈높이를 맞추고, 그러면서 동시에 새로운 시선을 개척하는 게 어렵지 않으세요?

김 너무 어렵죠. 이것 때문에 항상 고민해요. 광고주와도 논의하고, 기획팀과도 치열하게 고민하고, 내부 제작팀하고도 회의를 거듭하며 가장 신경 쓰는 게 이 부분이거든요. 크리에이티브디렉터는 좀 더 크리에이티브한 의견을 내고 싶지만, 팀의 팀장으로서 또, 광고 제작물의 총책임자로서 기획 방향이나 광고주의 니즈도 파악해야 하고, 동시에 수위 조절도 해야 하는 입장이에요. 그런데 제작팀 안에서는 아이디어 면에서 조금 더 세게, 수위를 높여서 가고 싶다는 요청이 늘 있어요. 그 의견들을 받아들여서 너무 세게 가면, 광고주가 당신네 창작 활동하는 거냐고 할 수도 있겠죠. 설사 광고주가 그 의견을 받아들이더라도 세상에 내놓았을 때 사람들의 눈높이에 맞지 않으면 또 외면받거든요. 그 선 타기가 가장 어렵고 힘든 것 같아요. 하지만 그 접점을 찾아내야만 거기에서 히트 광고가 나오고, 히트 캠페인이 탄생하겠죠.

⑩ 광고의 홍수라고 느껴질 정도로 정말 많은 광고에 계속 노출되고 있는 것 같아요. 이런 현상은 어떻게 받아들여야 할까요? 그리고 우리가 건전하게 대처해 나갈 방법에 대해서 여쭤보고 싶어요.

㉿ 미디어가 TV에서 스마트폰 중심으로 변화하면서 사람들이 가장 많이 보고 있는 게 스마트폰이 되었잖아요. 그러니까 광고도 거기에 집중되는 게 당연한 결과라고 생각하지만, 이제는 더 나아가서 광고도 순기능으로 작용해야 할 때라고 생각해요. 기기의 특성상 너무나 간편하다 보니까 긴 시간 동안 손에서 떨어지지 않잖아요. 그만큼 가감 없이 많은 것들에 노출되기 때문에, 광고제작자들도 필터링이나 순기능에 대해서 더욱 고민해야죠.

요즘 유행하는 웹소설이나 웹툰 광고를 보면 선정적인 경우도 많고, 청소년이나 어린 친구들이 보기에 위험한 수준의 광고도 넘쳐나요. 스팸이나 과장 광고, 허위 광고들, 잘못된 경로로 이동하는 페이지도 많고요. 기술이 발전하면서 이런 자극적인 광고들이 훨씬 더 교묘한 방식으로 확산되고 앞으로도 더 많아질 텐데, 광고업에 종사하는 분들도 더 큰 책임감과 선한 의식을 가지고 제작해야 한다고 생각해요. 다른 콘텐츠들도 마찬가지이고요.

㉠ CD님의 발상과 상상력은 어디서 나오나요? 아까 누구보다 오래 앉아서 고민한다고 말씀해 주셨는데요.

㉢ 저도 그렇고 모든 크리에이티브디렉터나 제작팀도 마찬가지인데, 들어오는 게 많아야 나가는 게 많다고 얘기해요. 평소에 많이 경험하고, 많이 보고, 많이 들으려고 노력해요. 그렇지 않으면 과제를 줬을 때 갑자기 아이디어가 나오지 않거든요. 내가 소스Source를 갖고 있어야 거기에서 생각을 발전시킬 수 있어요. 그래서 간접 경험이 됐든 직접 경험이 됐든 최대한 많이 해보려고 하는 편이에요. 막연한 상상력만으로 버티기에는 광고 제작직에서 한계가 있어요. 이 책을 읽는 학생들도 할 수 있는 것들은 최대한 많이 경험하는 게 나중에는 큰 자산이 될 거로 생각해요.

㉠ 아이들은 어떤 경험을 하면 좋을까요?

㉢ 다른 사람들이 좋다고 하는 것보다 자신이 좋아하는 것을 끝까지 해보는 게 중요할 것 같아요. 한 길을 끝까지 해보면 다른 길은 저절로 보이는 것 같아요. 영감이라는 게 이것저것 해보면서 떠오를 수도 있지만, 자기가 좋아하는 것들에 집중할 때 떠오를 수도 있거든요. 그런 과정이 필요하다는 생각이 들어요.

그리고 여행을 가거나 맛있는 걸 먹거나 재미있게 놀았거나, 어떤 것이라도 인상 깊었던 것들이 있으면 글이나 사진이나 영상으로 기록을 남기는 습관을 지니면 좋겠어요. 어릴 때부터 그런 것들이 쌓이면 나중에는 진짜 큰 자산이 될 거예요. 광고 제작을 하게 된다면, 그게 쌓이고 쌓여서 나중에 전부 자기 영감의 소스가 되고 아이디어의 원천이 될 수 있거든요. 어린 시절에 경험했던 다양한 것들을 어떤 방식으로든 기록을 남겨서 자산으로 활용하면 좋겠어요.

㉠ CD님은 어떤 사람들을 만날 때 상상력이 풍부해지고 도움이 된다고 느끼나요?

㉢ 특별히 영감을 얻기 위해서 크리에이티브한 사람들을 만나진 않아요. 오히려 가끔 길에 가만히 앉아서 지나가는 사람들을

보거나, 버스나 지하철에서 사람들을 바라봐요. 그러면서 혼자 상상으로 스토리를 만들죠. 저 사람은 지금 왜 여기를 지나가고 있고, 어디서 태어났고, 어떤 직장을 다니고, 오늘 어떤 일이 있었는지, 저 앞에 있는 사람은 오늘 회사에서 혼이 났고, 지금은 어디를 가고 있을 거라는 상상 속 이야기들을 스스로 만들어 보는 거죠. 제가 혼자 연습하는 영감 훈련이라고 할까요? 이렇게 평소에도 스토리를 만드는 훈련은 계속하고 있어요.

ⓟ 광고제작자가 되기 전과 후의 인생은 어떻게 달라졌다고 생각하세요? 이 직업이 인생에서 어떤 의미가 되었나요?

ⓚ 일단은 바빠졌어요. 눈코 뜰 새 없이 일에 몰두해서 처음에는 톡톡 튀는 아이디어로 '내가 만든 광고가 히트했으면 좋겠다.'는 단편적인 생각만 갖고 있었는데요. 광고에 비중이 높았던 사회생활 전반부에 비해, 이제 어느 정도 경력도 쌓이고 제 인생 후반부도 광고와 더불어 생각하게 되는 요즈음 시점에는, '어떻게 하면 선한 영향력을 가진 광고를 만들어낼 수 있을까?' 더 깊이 생각하게 되었어요. 저도 나이가 들고 은퇴할 시점이 올 텐데, 그때 뒤돌아보았을 때 제가 만든 광고와 캠페인이 사람들을 조금이라도 더 선한 방향으로, 이 세상을 티끌만큼이나마 긍정적인 변화로 이끌었기를 바랍니다. 광고 일을

오랫동안 해오면서 사람들의 변화를 끌어내기 위해 던졌던 고민이, 제 가치관과 인생을 대하는 태도에도 변화를 준 것 같아요.

㉠ CD님의 꿈, 계획은 어떤 건지 말씀해 주세요.

㉢ 광고 크리에이터로서 꿈은 누구나 비슷할 거란 생각이 듭니다만, 은퇴하기 전 언젠가는 사람들 기억 속에 오래오래 남을 수 있는 광고 아이디어를 하나 세상에 남기고 싶어요. 그것이 어떤 제품이나 브랜드의 TV 광고의 명카피이던, 슬로건이던, 두고두고 사람들에게 회자되는 CM송이어도 좋고요. "아 저거, 김종민이라는 광고제작자가 만든 거잖아." 하고 남기고 갈 수 있는 무언가를 만드는 게 꿈이죠.

사실, 그게 어떤 제품 형식의 아이디어여서 세상에 좋은 일을 하는 데 기여하면 더할 나위 없이 좋을 것 같아요. 예를 들어, 처리가 곤란한 플라스틱 쓰레기를 재활용해 친환경적으로 재생산하여, 신발이 없는 아프리카 난민 아이들에게 무상으로 제공되는 슬리퍼라든지 여러 가지 상황과 시스템, 그리고 아이디어가 딱 들어맞을 때 그런 꿈같은 일이 실현될 수 있겠죠.

이 책을
마치며

㉠ 지금까지 장시간의 인터뷰였습니다. 이제 마무리할 시간인데, 소감이 어떠신가요?

㉢ 네. 서두에 말씀드린 대로 광고 제작의 프로세스와 이 직업에 관한 깊이 있고 전문적인 이야기를 전해주실 저보다 뛰어난 광고 업계 제작자들이 많이 계실 텐데요, 여러모로 부족한 제가 광고 제작과 크리에이터 분야를 대표해서 인터뷰를 하고, 그 내용들이 책으로 만들어져 미래의 광고인을 꿈꾸고 있을 청소년들에게 읽힌다고 생각하니 많은 부담감과 책임감이 느껴지네요.

하지만 청소년 시절에 광고를 좋아했고, 사랑했던 제 모습을 다시 떠올리면서 그 좋아했던 마음만으로는 직업과 진로로 선택하기에 막막하고 막연하게만 느껴졌던 '광고'라는 '재미있고 창의력 넘쳐 보이던 세계'에 대한 궁금증을, 현재 광고제작자인 제가 과거 광고 지망생인 저에게 친절하게 알려준다는 마음으로 인터뷰를 진행했습니다.

저는 이 책이, 광고 제작과 크리에이터를 꿈꾸는 청소년들에게 정답지나 원론처럼 딱딱하게 읽히지 않으면 좋겠어요. 청소년들이 이 책을 읽고 '광고를 직업으로 하려면, 이런 걸 더 공부해야겠구나', '아 생각보다 힘든 직업이구나', '실제 현장은 이렇게 돌아가는구나!' 등을 각자 느끼며 광고라는 직업을 선택하는 데 있어 '실질적인 도움'이 될 수 있기를 희망해 봅니다.

(편) 이 책을 읽는 청소년, 그리고 진로 직업에 대해 고민하는 많은 사람이 어떤 직업인이 되기를 바라나요?

(김) 청소년들에게 진로, 직업이라는 것은 가장 가깝게 다가오는 일이면서도 한없이 멀게 느껴지는 거잖아요. 다들 주변에서 진로를 결정하라고는 하는데, 내가 뭘 좋아하는지도 모르겠고, 이걸 배우려면 어떤 과를 선택해야 하는지도 모르겠고, 이 학과를 선택하면 어떤 직업을 가지게 되는지도 모르겠고 안갯속에 있는 것 같죠. 이미 직업을 가지고 나름 성공적으로 살고 계신 분의 강연을 들어도, 사례를 찾아보아도 크게 와닿지 않을뿐더러, 일반적인 루트로 꿈을 이룬 게 아니라, 나와는 다르게 뭔가 비범해 보이기도 하고요. 돌이켜보면 저도 청소년 시절이 가장 막막했고, 어두웠고, 땅속에 파묻혀 있는 것과 같이 모든 것이 불확실했던 것처럼 느껴졌습니다. 하지만, 그 시절만큼 모든 것을 이룰 무한한 가능성과 잠재력이 있는 시기는 여러분 인생에 다시없을지 모릅니다.

여러분이 좋아하는 걸 찾으세요. 좋아하는 건 변할 수도 있습니다. 그럼 또 다른 걸 찾으세요. 그렇게 좋아하는 걸 찾다 보면, 그것을 '직업으로 삼아 프로페셔널하게 더 전문적으로, 더 유능하게 해보고 싶다.'는 생각이 드는 시점이 분명히 올 거로 생각해요. 그 과정에서 겪게 되는 실패나 역경들은 여러분들에게 소중한 경험이 될 것이고, 부모님과 주변 선생님들, 친구들의 도움을 통해 쉽게 극복할 수 있을 것입니다. 유일하게 실수와 실패가 용납되고, 그것이 자양분이 되는 시기는 청소년 시절뿐인 것 같습니다. 좋아하는 것을 찾는 것을 멈추지 마세요. 그리고 그것이 진로와 직업이 될 수 있도록 해보세요. 지금 어둡고 답답하게 느껴지는 건 여러분이 땅속에 파묻혀 있는 것이 아니라, 언젠가 활짝 피어나기 위해 심겨 있기 때문입니다.

편 CD님은 이 직업을 통해 행복해지셨나요?

김 네. 행복해졌습니다. 좋아하는 것을 직업으로 삼아 재미있게 일을 하면서, 성취감까지 얻을 수 있게 되었으니까요. 물론 17년 동안 일을 해오면서 정말로 힘든 과정도 있었고, 아이디어나 광고 제작물이 잘 풀리지 않아 고민하던 시절은 물론, 사건 사고를 경험하는 등의 여러 업 앤 다운이 있었지만, 전반적으로 광고 제작이라는 일을 하면서부터 제 인생은 행복한 방향으로 조금씩 나아가고 있는 것 같습니다. 여전히 광고를 통해 새로운 캠페인이나 아이디어로 세상을 움직이고자 하는 꿈을 꾸고, 또 이렇게 광고에 관심 있어 하는 청소년들에게 제가 좋아하는 광고에 관해 이야기를 할 수 있다는 것도 참 행복한 일이라 느껴지네요.

ⓟ 청소년 여러분, 기술과 전략과 예술의 결정체, 광고제작자의 세계가 어떠셨나요? 저는 인터뷰를 하는 중에도 긴장감이 느껴지고, 예술적이면서도 우리보다 한 걸음 앞으로 나아가야 하는 혜안의 직업이라고 생각했습니다. 분석적이고 전략적인 크리에이터, 자본과 예술과 사람 모두를 아우르는 광고의 세계가 정말 매력적입니다. 한 사람의 내면에 이렇게 무한한 능력과 세계가 펼쳐질 수 있다는 게 신기해요. 그러면서도 수많은 전문가와 협업까지 해내야 하는 이 직업에 대해 여러분은 어떤 생각을 하셨나요? 광고제작자라는 직업을 통해 우리 사회와 미래에 대해 한 걸음 더 다가갔나요? 15초 영상, 30초 영상을 통해 세상을 선한 방향으로 바꿀 수 있는 광고제작자의 치열한 세계, 더 많은 청소년이 관심을 두고 바라보기를 바랍니다. 이 세상의 모든 직업이 여러분을 차별하지 않고 모든 문을 활짝 열 수 있도록 잡프러포즈 시리즈는 부지런히 달려갑니다. 다음 편에서 뵙겠습니다! 감사합니다.

나도
광고제작자

〈우리는 #노담 세대〉
청소년 흡연 예방 콘텐츠 제작

- 주최: 보건복지부
- 주제: 전자 담배의 위험성, 흡연이 환경과 건강에 미치는 영향
- 위 주제로 청소년의 노담(No 담배) 문화를 형성하는 콘텐츠를 제작해 보세요
- 여러분이 생각하는 '노담'은 어떤 모습인가요?
- 동영상(30초 이내 콘티), 디자인(이모티콘, 굿즈 등), 웹툰, 숏폼(유튜브, 틱톡, 인스타, 릴스) 등으로 표현해 보세요.

〈7인조 AI IDOL 그룹 데뷔!〉

메타버스에서 활약할 여성 7인조 AI IDOL 그룹의 네이밍과 세계관을 구성하고 임팩트 있는 데뷔 플랜을 기획해 보세요.

- 가상현실에서 AI를 통해 만들어진 일곱 명의 여자 아이돌
- 그룹의 네이밍을 짓고, 각 멤버의 이름과 세계관을 구성
- 임팩트 있는 데뷔부터 방송 활동 계획, 음원 발표 플랜 등을 콘텐츠의
  총괄 기획자의 마인드로 구성해 보세요.

〈신제품! 물이 필요 없는 세탁기〉
신기술로 압축된 공기만을 분사해 완벽하게 세탁하는 신제품 세탁기 브랜드 광고 캠페인

- 신제품 네이밍과 함께 제품 판매를 극대화할 수 있는 TV 광고 및 디지털 숏폼 광고를 만들어 보세요.
- 주의: 기존 에어드레서와의 차별점을 어떻게 소비자에게 소구할 것인지가 핵심 포인트

〈기후 위기와 미래〉
기후 위기의 현실과 미래를 담은 숏폼 영상 제작

- 주제: 폭염, 폭우, 산불, 가뭄, 홍수 등 대한민국 일상에서 마주한 기후 위기의 경험
- 기후 위기의 심각성을 알리고, 영상 시청자들에게 바이럴 될 수 있는 숏폼 형식의 영상을 제작해 보세요.
- 광고, 애니메이션, 노래, 챌린지 등 형식 자유
- 필수조건: 사람들이 일상에서 실천할 수 있도록 기후 위기를 대처하거나 예방할 수 있는 솔루션 아이디어가 영상에 포함되도록 함

다음 다섯 가지 단어를 모두 사용하여, 한 달 전 헤어진 연인의 마음을 되돌릴 수 있을 열 줄 이내의 러브레터를 완성하세요.
(환경, 발달, 테두리, 순수, 파랑)

청소년들의 진로와 직업 탐색을 위한
잡프러포즈 시리즈 64

전략적 크리에이터

광고
제작자

2023년 11월 06일 초판1쇄

지은이 | 김종민
펴낸이 | 유윤선
펴낸곳 | 토크쇼

편집인 | 김수진
교정 교열 | 박지영
표지디자인 | 이든디자인
본문디자인 | 문지현
마케팅 | 김민영

출판등록 | 2016년 7월 21일 제2019-000113호
주소 | 서울시 마포구 월드컵북로98, 2층 202호
전화 | 070-4200-0327
팩스 | 070-7966-9327
전자우편 | myys237@gmail.com
ISBN | 979-11-92842-51-6(43190)
정가 | 15,000원